初中语文高效教学策略研究

姚雪红◎著

吉林人民出版社

图书在版编目（CIP）数据

初中语文高效教学策略研究/姚雪红著. --长春：吉林人民出版社，2025.4. --ISBN 978-7-206-21894-1

Ⅰ.G633.302

中国国家版本馆CIP数据核字第2025FV0083号

初中语文高效教学策略研究

CHUZHONG YUWEN GAOXIAO JIAOXUE CELÜE YANJIU

著　　者：姚雪红
责任编辑：金　鑫
封面设计：豫燕川
出版发行：吉林人民出版社（长春市人民大街7548号　邮政编码：130022）
印　　刷：唐山才智印刷有限公司
开　　本：787mm×1092mm　　1/16
印　　张：9　　　　　　　　字　　数：133千字
标准书号：ISBN 978-7-206-21894-1
版　　次：2025年4月第1版　　印　　次：2025年4月第1次印刷
定　　价：68.00元

如发现印装质量问题，影响阅读，请与出版社联系调换。

前 言

在教育高质量发展的今天，初中语文教学肩负着独特且重大的使命：既承担着发展学生语言素养的任务，又是传承与弘扬中华优秀传统文化、培育学生人文精神与综合素养的主阵地。然而，面对日益复杂的教育环境、不断更新的教学需求以及愈发多元的学生个体差异，如何实现初中语文高效教学，成为摆在每一位教育工作者面前亟待攻克的难题。

想要教好一门课，方法是很重要的。语文作为基础教育学科，在培养学生听、说、读、写等能力的过程中起着极其重要的作用，因此其教学方法尤为重要。受传统教学观念的影响，初中语文教学多是教师在课堂上起主导作用，学生被动地接受知识，缺少课堂互动及学生语文学习的主观能动性。新课标理念要求语文教学要充分发挥教师的主导作用和学生的主体作用。教师的主导作用表现在教学过程中发挥引导、疏导、诱导、辅导的作用，而发挥学生的主体作用，就是在教师的激发和引导之下让学生带着兴趣主动地参与教学过程，养成良好的学习习惯，把学习的主动权交给学生，最终达到学生对知识的高效吸收。

《初中语文高效教学策略研究》一书汇聚了众多一线教师、教育专家的实践经验与理论智慧，它不仅仅是一本理论著作，更是一部充满实践指导意义的工具书。本书旨在研究初中语文的教学策略，丰富初中语文课堂教学，为初中语文教学的健康发展作出贡献。通过实施高效的教学策略，可以使课堂教学质量和学生的语文素养得到很大的提升。愿它陪伴每一位初中语文教育工作者砥砺前行，在探索高效教学之路的征程中，为学生点亮语文学习的璀璨星空，为初中语文教育的蓬勃发展贡献力量。

　　笔者在撰写的过程中，得到了众多专家、学者的帮助和指导，在此表示诚挚的谢意！时代在不断发展，信息在不断更新。书中内容难免有疏漏之处，希望各位读者多提宝贵意见，以便笔者进一步修改，使之更加完善。

目 录

第一章 初中语文基本概述 …………………………………… 1
第一节 初中语文学科的特点 …………………………… 1
第二节 初中语文课程的性质与基本理念 ……………… 4
第三节 初中语文教学现状与改革 ……………………… 11
第四节 初中语文高效教学的诠释 ……………………… 17

第二章 初中语文高效课堂的组成 …………………………… 22
第一节 高效课堂的基本概念 …………………………… 22
第二节 高效课堂的内容 ………………………………… 28
第三节 高效课堂的形式 ………………………………… 46
第四节 高效课堂的原则 ………………………………… 51
第五节 初中语文高效课堂的影响因素 ………………… 63

第三章 初中语文高效课堂教学的准备策略 ………………… 74
第一节 教学准备策略的内容 …………………………… 74
第二节 钻研教材与了解学生的策略 …………………… 76
第三节 教学目标制定与教学重难点设置的策略 ……… 81
第四节 教学方法选择的策略 …………………………… 85
第五节 教学设计的优化策略 …………………………… 90

第四章　初中语文课程单元整合教学的策略研究 …………… 93
　　第一节　初中语文单元整合教学理论概述 …………… 93
　　第二节　初中语文单元整合教学的策略 …………… 99

第五章　初中语文高效课堂的优化策略 …………… 114
　　第一节　营造高效的课堂教学环境 …………… 114
　　第二节　引导学生高效学习 …………… 118
　　第三节　科学利用课堂教学评价 …………… 121
　　第四节　提升语文教师高效教学能力 …………… 125
　　第五节　提高教师的教学艺术 …………… 131

参考文献 …………… 137

第一章 初中语文基本概述

第一节 初中语文学科的特点

一、基础性、工具性

多年来,这是一种比较公认和权威的观点,过去的几本《语文教学大纲》(1986版、1992版、2001版等)都做了肯定,《义务教育语文课程标准(2022年版)》(以下简称《课标》)继续这样表达。《普通高中语文课程标准(2017年版2020年修订)》和《课标》都写道:"语文是最重要的交际工具……""语文学科是一门基础学科……"这些表述都是对语文学科基础性、工具性的充分肯定。具体来说,语文课的任务就是既要培养学生听、说、读、写的语文能力,还要传授并使学生掌握一定的语文知识。学生一旦有了一定的语文知识并具备了一定的语文能力以后,对于学好其他学科并走向社会奠定了良好的基础。培根曾说过:"求知可以增长才干。"在现代社会的交际当中,语文水平显得非常重要,口语交际能力就是语文学科工具性的最好体现。

二、人文性、思想性

《课标》中写道:"在教学过程中,要进一步培养热爱祖国语言文字热爱高尚的审美情趣和培养一定的审美能力,发展健康个性,形成健全人格。"

《普通高中语文课程标准（2017年版2020年修订）》也有同样的内容，只是对高中的要求提高了，除了培养学生的爱国主义精神、社会主义思想道德品质和激发热爱祖国语文的感情之外，还要开阔学生的视野，培养创新精神，提高文化品位等。这些都反映了语文学科具有一定的思想性。近几年，又有学者强调语文学科的人文性。人文性与思想性，二者紧密相连，密不可分。高尔基说过："文学就是人学。"人文性与思想性一样，都是语文学科的本质属性，二者只是对一样东西的不同表述。基于这种认识，语文教学就要在进行听、说、读、写等语文训练的同时，充分渗透和体现其人文性、思想性的特点。

三、开放性、多样性

语文教学的课堂，不但内容上具有开放性，教学方式上也具有多样性，可以读、可以问、可以说、可以唱，有时哄堂大笑，有时屏声静气，有时口若悬河，滔滔不绝，有时伏案疾书，洋洋洒洒。课程改革之后的语文教学，更具有这种特点。当然，语文教学还不仅仅限于课堂。许多语文教师开辟"第二课堂"，引导学生进行着课外的语文活动，大大促进了学生语文水平的提高。然而，面对社会、面对生活，语文学习又无处不在。小说、报纸、电视、文艺演出等，甚至街头的标语、广告都是学习语文的良好素材。俗语说："处处留心皆学问。"这句话用在语文学习上，也很恰当。[①]

四、实践性、应用性

通常说："曲不离口，拳不离手。"学习，既要"学"，又要"习"。《论语》说："学而时习之，不亦说乎。"用现在的话说，学，即输入信息；习，就是进行练习。《说文解字》中对"习"的解释为"鸟三飞也"，意即反复练习。读书、写字、作文、讲话、听话、写信等，都是

---

① 张良田. 学科教学详解初中语文 [M]. 长沙：湖南教育出版社，2015.

语文实践活动，也是对语文的应用。一般传统的教学方式是教师讲、学生听，比较机械，效率也不高。现在，专家们提出要重视学法指导和民主教学等。这些都为语文教学的实践性和应用性提供了条件。

五、地方性、区域性

所有的理论应用都与特定的地域和环境紧密相连，同样，语文的教学方法也与当地的实际情况紧密相连。地方性是由地方的实际情况所决定的，而地方性又是决定地方特色的关键因素。在不同的地理区域，人们在语言、习俗和文化方面存在显著的不同。例如，北京与上海、沿海地区与内陆，以及牧业区与农业区都存在显著的差异。这些因素都对具有高度人文性的语文教学产生了直接的影响。

六、探究性、创造性

新的教学观念要求人们，教学不但要以学生活动为主，而且还要进行研究性学习，培养学习创新精神。研究性学习已经被列为高中阶段必不可少的学习方式。创新观点，应用到了整个社会发展的广阔领域。《普通高中语文课程标准（2017年版2020年修订）》强调"注重培养创新精神"的内容。在21世纪，语文教学不再是死记硬背和口耳相传，需要激发学生的学习兴趣，启发学生的思维方式，带领学生去探讨、去研究、去创造。学习的过程，就是探究的过程，也是创造的过程。探究性和创造性同样是语文学科必不可少的特点。

七、时代性、超前性

与其他学科相似，语文学科也应与人们的思维模式紧密结合，与时俱进，保持与时代的同步。语文既是历史的反映，也是现实的反映，具有强烈的时代特色，同时也是先进文化的精炼体现。先进的文化不仅是一个时代的精神财富，也是推动人们前进的力量，因此必须具有前瞻性。

第二节　初中语文课程的性质与基本理念

语文课程的性质是语文课程理论建设的核心问题，也是语文教学的根本问题。自中华人民共和国成立以来，语文课程性质问题引起了语文教育界的普遍关注，并对此展开了广泛而深入的讨论，提出了工具性、基础性、思想性、人文性、社会性、言语性、教育性和审美性等十多种观点，说法不一。《课标》的相关要求指出，语文课程是一门学习祖国语言文字运用的综合性、实践性课程。工具性与人文性的统一，是语文课程的基本特点。

一、初中语文课程的性质是工具性与人文性的统一

（一）语文课程

语文课程的工具性主要集中在培养学生在语文应用方面的实际操作能力。语文这门学科是通过口头语言来掌握语言的，它培养学生的听、说、读、写能力，并使他们能够将这些技能应用于社会交往中，这是它的核心特点。《课标》强调，学生在弘扬和培育民族精神的同时，也应尊重文化的多元性，因此，在语文教学中，应更加重视其丰富的人文内涵，以全方位提升学生的语文综合素质。在选择语文课程内容时，教师应该重视课程的深度和内涵，同时也要关注课程的文化、生命和人文三个方面的融合，这样才能更好地促进学生的身心健康成长。在实际的语文教学过程中，教师应当追求二者之间的和谐融合，从而全方位地提高学生的语文综合能力。语文所具备的两大核心特质是相辅相成的，其中工具性蕴含了深厚的人文精神，而人文又推动了工具性的发展。

《义务教育语文课程标准（2011年版）》，吸收了近现代语文教育的精髓，既肯定了它的工具性，又吸纳了人文性的新观点，把二者统一起来，在语文教学发展史上首次提出了"工具性与人文性的统一，是语

文课程的基本特点"这一理念，既继承了语文教育应该使学生打好语文基础这一传统的观点，又反映了语文教育应该体现固有的人文精神和加强人文精神的新的时代观点，为语文教育指明了方向，把语文教育指向了健康发展的正确道路。我们应该认识到，作为民族文化的集中体现，作为个人生命意识的具体表现，在听、说、读、写的活动和学习过程中，"工具"的使用同时也在形成着情感态度和价值观，学生在学习语文的同时实际上也学习了对世界、对人生的认识。人类的进化发展是一种"人为文之根，文为人之本"的过程，即人创造了文化，传承了文化，丰富了文化。反过来，文化引导了人，滋养了人，成就了人，人与文化是互生互动的，社会形态的人与文化互动的即时状态，是互动的空间存在形式；而历史进程是人与文化互动的历时状态，是互动的时间存在形式。语文教学的人文性主要体现为培养学生积极、乐观的人生态度和美好、丰富的情感，也就是眼中不能只有语文的分数，还要有人、人的生命、人的发展。

工具性与人文性是表与里、皮与毛、血与肉的关系。工具性是"表"，人文性是"里"；工具性是载体，人文性是灵魂。工具性与人文性是与生俱来、相辅相成的。没了工具性，便没必要设语文课，人文性也无从谈起；没了人文性，语文课只有孤立的字、词、句、篇，以及枯燥、机械的语言训练，语文课便失去了生机、情感和韵味。恰当的做法是在指导学生正确地理解和运用祖国语文的过程中，在培养语感、发展思维、积累语言、积淀文化的过程中，吸收人文内涵，培植人文精神。

（二）语文课程工具性与人文性相统一的实现途径

1. 注重工具性：发展学生听、说、读、写能力

语文学科的工具性是指语文用于人际交流具有维持社会联系的实用功能和中介作用。语文是个人和社会都离不开的重要工具。以汉语言文字为载体的语文，是传承中华民族优秀传统文化的重要工具。可以说，语文的工具性是由语言的功能决定的，也是语文学科的本质特征。由此可见，注重语文的工具性，培养学生运用祖国语言文字的能力，应该是

语文教学工作中的重要任务。《课标》提出的"识字写字能力、阅读能力、写作能力、口语交际能力"的培养，也正是语文工具性作用的体现。

语文是广泛运用于人们交际和思维的重要工具，而学生对这一工具的熟练掌握，需要在课堂上不断地进行语言文字的训练。

2. 凸显人文性：夯实学生的人性根基

什么是语文教学的人文性？《课标》强调："培养学生高尚的道德情操和健康的审美情趣，形成正确的价值观和积极的人生态度，是语文教学的重要内容，不应把它们当作外在的附加任务，应该把这些内容贯穿于日常的教学过程之中。"

为了真正体现语文的人文精神，我们需要培养学生的内心世界，关心他们的生命成长与发展。通过对学生的深入影响，我们可以加强他们的人性基础，丰富他们的文化内涵，并为他们提供一个充满活力的精神世界。最为关键的是，我们应该将学生视为一个具有高度可塑性的个体，并重视培养他们作为"人"应有的基本品质。基于这样的理解，我们需要准确地理解课本中的深层思想，培育学生的爱国情怀和社会主义道德观念，逐渐塑造他们的积极人生观和正确的价值取向，从而提升他们的文化修养和审美品位。

具体来说，可以从两个方面入手：一是锤炼品德，完善人格。正所谓"文以载道"，世界上无论哪一种语言都是用来表达特定思想或见解的。语文课本中的文章都是经过严格筛选的，其思想内容对学生良好品德的形成有不可低估的作用，一系列人物所具有的品格，会让学生在学习过程中耳濡目染，在内心深处留下不可磨灭的印象，让学生在学习中逐渐形成健康的人生观与世界观。二是陶冶情操，培养情趣。初中语文课本中，大多是文质兼美的文章，这些文章为学生的健康成长构筑了一座风光无限的艺术宫殿。我们的教育教学工作，应该通过提示、引导、点拨，让学生体会文章的内涵，用文章中的养分去滋养他们幼小的心灵，并逐渐转化为他们内在的能力，在生活中创造美，辨别真、善、美与假、恶、丑，激起对生活美的追求，感受语文学习的乐趣。①

3. 追寻语文工具性与人文性的和谐之美

语文课本就是工具性与人文性相统一的体现，教师在教学中不能偏重某一方面，更不能将它们割裂开来。有人说，工具性是"表"，人文性是"里"；也有人说，没有离开人文性的工具性，也没有离开工具性的人文性。这些观点都说明了工具性与人文性，不是简单的相加，而是在语文课堂教学中的和谐统一、水乳交融。

（1）倡导"以人为本"的民主课堂

语文教育是一个教师和学生共同参与的双向活动，必须把人的发展作为重点，这样学生的语文能力、道德修养和审美品位才能得到和谐的发展。教师应当致力于提升自己的人文修养和学术水平，真正转变以教师为核心的教学设计观念。作为一名设计师，教师的角色并不是为了满足自己的需求，而是为了更好地服务于学生。作为课堂的主导者，教师有责任在尊重学生多样性和差异性的前提下，营造一个自由、自主、合作和互动的教学环境。在这样的环境中，学生的思维能力会逐渐提升，个性会更加突出，情感也会逐步净化，从而让课堂教学更具人文吸引力。

（2）设计目标多元化的训练

《课标》中多次强调，语文课程的目标应该是三维目标："知识和能力、过程和方法、情感态度和价值观。三个方面相互渗透，融为一体，注重语文素养的整体提高。"语文素养重在"综合"，它以语文能力（识字、写字、阅读、习作、口语交际）为核心，是语文能力和语文知识、语言积累、审美情趣、思想道德、思想品质、学习方法和习惯的融合。这里展示了一种工具性与人文性相融合的思维方式，涵盖了扎实的基础技能培训以及潜在和创新能力的培养。为了在课堂教学中展现这种思维方式，教师需要设计一些可以深入挖掘人文价值，确保学生的思维过程

---

① 谭丽琦. 语文学科性质与高中语文课程建设 [J]. 学周刊，2015（34）：70—71.

和方法的有效性，并强调区分对错和优劣的能力的培训。在《课标》引导下进行的训练，已经不再是课程改革之前那种单一目标的训练，而是一种多元化的训练方式，使得语文的工具性和人文性能够和谐共存。要实现语文的工具性与人文性的统一，教师应按照《课标》的相关要求，树立正确的观念，在教学实践中不断探索。只有这样，才能对语文的工具性与人文性有更准确、更成熟的认识与把握，也只有这样，才能真正实现语文课程改革的目标，大大提高学生的语文素养。

4. 寓教于文，在人文性与工具性之间建立支点

工具性是人文性的基础，是人文性的载体；人文性是工具性的"精、气、神"之所在。离开工具性来谈人文性，有舟无水，寸步难行；同样，只有工具性，没有人文性，有水无舟，也将无法欣赏到"小小竹排江中游，巍巍青山两岸走"的绝妙景致。那么，如何在工具性和人文性之间建立支点，使其保持平衡呢？工具性与人文性的统一，必须寓教于文。在强调语言内容与语言形式之间的紧密结合时，教师不仅要重视语言形式的培训，还需重视对语言内容的深入理解和感悟。这样的培养不仅涵盖了听、说、读、写、思考和语言的能力，还涉及个人的道德品质、审美情趣，以及健全的性格和完整的人格特质。教师巧妙地设计了朗读课程，指导学生进行朗读，并将读、想、说、悟有机地结合在一起，相互促进。在学生掌握语言文字的同时，逐步让他们读出感情、读出真情，与作者的感情产生共鸣，从而理解文字所包含的深刻含义。

5. 人文性与工具性相得益彰，为终身学习和发展奠定基础

国际 21 世纪教育委员会的报告中指出："人既是发展的第一主角，又是发展的终极目标。"联合国教科文组织也指出："教育应服务于人生全过程。"所以，语文教学的最终目的在于育人，即教学生学会做人，正确协调人与人、人与自然、人与社会的关系，使之和谐发展。

学生通过学习语文，不仅能够滋养他们的灵魂，还能陶冶他们的情操并提高他们的人生水平。在执行语文素质教育时，我们必须高度重视语文的人文精神，并致力于培养学生的人文修养。理解并掌握课文所蕴

含的人文精神是进行人文教育的基础。语文教材覆盖了人类社会生活的多个层面和自然界的多个领域，它不仅展示了民族文化的优秀传统，还包含了现代文化的精髓，为人文教育提供了丰富的素材。

我们应该将语文的实用性和人文性视为一个和谐统一的整体。在语文教学过程中，首要任务是引导学生通过多样化的听、说、读、写等语言实践活动，来提升他们对语言的理解和应用能力，并利用这些能力进行有效的语言交流、解释和记忆。接下来，我们需要指导学生在实际操作中掌握语文的知识和技能的独立学习方式，从而提升他们的语言学习效果。最终，我们必须坚定地建立以人为中心的教育观念，激励学生独立地体验生活。我们的目标是塑造一个完整的人格，确保学生的思维更为健康，品质更为崇高，个性更加鲜明，从而为他们的终身学习和个人发展奠定坚实的基石。

三、初中语文课程的基本理念

（一）全面提高学生的语文素养

九年义务教育阶段的语文课程，必须面向全体学生，使学生获得基本的语文素养。在语文课程中，我们应该激发和培养学生对祖国语言的深厚情感，指导他们积累丰富的语言知识，发展语感，拓展思维，初步掌握学习语文的基本方法，培养良好的学习习惯，使他们具备适应实际需求的识字写字能力、阅读能力、写作能力、口语交际能力，并正确理解和应用祖国语言。此外，语文课程还应该通过优秀文化的熏陶和感染，提升学生的思想道德修养和审美品位，使他们逐渐形成良好的个性和完整的人格，培养学生成为德、智、体、美、劳全方面发展的社会主义建设者和接班人。

（二）正确把握语文教育的特点

语文课程所蕴含的深厚的人文精神对学生的精神世界产生了广泛而深远的影响，而学生对于语文内容的感知和解读往往呈现出多样性。因此，我们应当高度重视语文教育的感染力，关注教学内容的价值导向，并在此基础上尊重学生在学习旅程中的特殊体验。

语文是实践性很强的课程，应着重培养学生的语文实践能力，而培养这种能力的主要途径应是语文实践。语文又是母语教育课程，学习资源和实践机会无处不在、无时不有。因而，应该让学生更多地接触语文材料，在大量的语文实践中体会、掌握运用语文的规律，而不宜刻意追求语文知识的系统和完整。

语文课程还应考虑汉语言文字的特点对识字、写字、阅读、写作、口语交际和学生思维发展等方面的影响，在教学中尤其要重视培养学生良好的语感和整体把握的能力。

（三）积极倡导自主、合作、探究的学习方式

学生是学习与成长的中心。教师在设计语文课程时，必须考虑到学生的身心成长和语文学习的独特性，重视学生的个体差异和多样的学习需求。教师应该珍视学生的好奇心和求知欲，充分激发他们的主动性和进取心，并推崇一种自主、合作和探究的学习方法。教师在确定教学内容、选择教学方法、设计评价方式时，都应该有助于形成这种学习方式。

综合性的语文学习可以帮助学生在他们感兴趣的独立活动中全方位提升语文能力，是一个培养学生主动探索、团队合作和创新精神的关键方式，值得大力推广。

（四）努力建设开放且有活力的语文课程

语文课程应当继续传承语文教育的卓越传统，面向现代社会、全球和未来发展。我们应该扩大语文学习和应用的范围，重视跨学科的学习和现代科技手段的应用，使学生能够在不同内容和方法的交叉、渗透和整合中拓宽视野，提高学习效率，并初步掌握现代社会所需的语文素养。语文课程设计应当是开放且充满了创新活力的，我们应该高度重视学生的成长和社会生活的实际变化，努力满足各个地区、学校和学生的多样化需求。我们需要确定与时代发展相匹配的课程目标，开发与之匹配的课程资源，并建立一个既稳定又灵活的执行机制，以实现持续的自

我调整和发展更新。

第三节　初中语文教学现状与改革

一、初中语文教学现状

（一）阅读方面

1. 教教材，而非用教材教

语文教师在教学中，普遍存在只看课文本身，而忽视了单元及整册教材的训练体系。"只见树木，不见森林。"殊不知，课文只不过是例子而已，是为完成单元教学目标、学期教学目标而选的一个个"范例"，编写者的初衷是想通过教学完成体系目标。比如，初中语文第二册第一单元选取了5篇反映社会生活的文章，学习本单元，应主要训练两点：第一点，在人文情感方面，让学生通过阅读这些课文，看看别人是怎样生活的；看看他们对人生的体验思考，进而丰富自己的社会知识，加深自己的情感体验。第二点，在整体感悟全文的基础上，提炼文章的主旨，学会比较阅读不同内容和形式的文章。而大多数语文教师通常没有看到这一点，一头扎进课文中，一个单元教下来，学生们对生命没有什么感悟，也没有形成正确的人生态度，更没有学到提炼文章宗旨和比较阅读的技能。

2. 是讲堂，而非学堂

传统的课堂教学模式早就应该退出历史舞台了，可走进我们的语文课堂，还有部分教师仍然热衷于这种教学方式，而且理由堂堂正正：教师讲不到，学生不会，考试考了怎么办？我们把课堂交给学生，我们的教学任务完不成怎么办？在这种意识的支配下，语文教师通常理所当然地成为课堂的主宰，以自我为中心，对学生的兴趣、状态、需求关注不够。事实上，他们忘记了一个最为浅显的道理：语言非学得而是习得，学生没有亲身参与，怎么能学好语文呢？课堂的主角应该是学生，学生参与的程度、参与的广度和深度是判断一节课优劣的标准。"把课堂还给学生"，不应该成为一句口号，让学生成为课堂的主人，让他们的学习成为互动学习、发现学习、探究学习、研究性学习，应该成为课堂教学共同追求的层次和境界。

3. 讲读与自读，泾渭分明而非水乳交融

教读课文与自读课文，都是为完成单元目标、学期目标而设立的，二者在语文课堂教学中不可或缺。自读课文更多地应看作教读课文的延伸、能力训练的迁移，但现在的课堂通常只有教读课而舍弃了自读课，教师总认为自读课文内容不考。其实这还是应试教育观念在作怪。目前的中考阅读部分偏重课外，我们平时的阶段性测试也将忽略讲读与自读、课内与课外的界限，这将有利于学生形成大语文观，有利于学生未来的发展，而无论是教读还是自读，其目的都是提高学生阅读能力。这一点，应该成为我们教师的共识。[①]

《课标》对课外阅读提出了明确的要求：一是提倡扩大阅读量，要求养成读书看报的习惯，收藏并与同学交流图书资料，扩展自己的阅读面，扩大阅读范围，开阔自己的视野，广泛阅读各种类型的读物。二是规定课外阅读量，初中三年每学年阅读两三部名著，三年阅读名著总量不少于6~9部。《课标》还推荐了10部名著和50篇古诗文。实际上学生的阅读量远远没有达到这个要求，读书指导、读书报告会、交流会等应有的教学活动几乎是空白。事实证明，只有教读与自读有机结合，课内与课外水乳交融，才能学好语文。不树立大语文观，眼光只盯在课本上有限的几十篇课文，就幻想提高学生的阅读能力那只能是神话。

4. 偏重结果，而非过程与方法

教学过程中的一个核心目标是确保学生能够理解并掌握正确的结论，因此教师必须给予结论足够的重视。然而，在没有学生进行一系列

[①] 宋秋前，杨光熙，鲁林华，等. 初中语文课程与教学研究[M]. 武汉：武汉大学出版社，2012.

如质疑、评判、对比、筛选以及相关的分析、整合、总结等认知过程的情况下，如果缺乏多元化的思考模式和认知手段，以及多种观点之间的碰撞、争论和对比，那么得出的结论将很难形成，也难以被真正理解和稳固。更加关键的一点是，如果教学过程缺乏多样性和丰富性作为基础，那么学生的创造性思维和创新能力是无法得到有效培养的。在课堂教学中，教师过于强调结论而忽视过程，忽视了学生的思维和个性发展，导致教学过程变得庸俗，以至于学生不需要付出智慧的努力，仅仅通过听课和记忆就能掌握知识。在课堂教学中，学生往往习惯于依赖教师给出的答案，而不是自己去思考，这就导致他们遇到难以理解的问题、无法阅读的文字，甚至不知道如何利用课文注释和字典来解决问题时，一篇课文就这样结束了，书上几乎没有留下太多的痕迹，只是简单地将课后习题的答案抄写在书上或笔记本上。

（二）写作方面

1. 注重个体训练，忽视训练体系

初中三个年级、六个学期、六本教材，构成了一个相对完整的作文训练体系，每个年级、每个学期、每本教材，甚至每个单元都是这个完整体系中不可分割的组成部分。每个单元的作文训练，都应该看作完成整个训练中的一个有机的组成部分。因此，当教师将每个单元的技能培训整合在一起时，便构建了完整的作文能力培训框架，这应当是语文老师在作文教育过程中的共同理念。但实际的教学，所展现出的状况并不是这样的。教师往往过于关注作文的频率和题目的选择，忽略了在单元训练中所需培养的技能。比如，初中语文教材第一册，第一单元写作口语训练的训练重点是"作文贵在创新"，短文后面给了两个参考题目"我""窗"，至于学生要写哪个题目，并不重要，重要的在于通过这次作文训练应该让学生懂得创新是作文的生命，作文的可贵之处在于有所创新，在于写出个性的风采来，从而鼓励学生在今后的作文中"大胆地用'我'的自由之笔，写'我'的自得之见，抒'我'的自然之情，显'我'的自在之趣"。总之，在实际的作文训练中存在这种只见局部未见整体的问题。

2. 局限于课堂，割裂与生活的联系

离开了生活，作文便成了无源之水、无本之木，这个简单的道理相信每一位语文教师都十分清楚，但在作文教学实践中，对"作文应密切和生活的关系"通常注重不够。教师通常把作文看作课堂上的事，实际上学生的作文就应该是写实实在在的生活。笔者听过这样一节生动的作文课：执教者让学生对月亮进行一个月的观察，并记录下它的变化，再搜集描写月亮的词语和课文，经过这一个月的深入了解，学生们积累了大量的素材，写起作文来自然得心应手。我们不能不钦佩这位教师对作文与生活的关系理解得如此深透。显然，没有一个月的对生活的观察、积累，突发奇想地让学生在 40 分钟的课堂上造一个"月圆之夜"的作文，对学生而言该是一件多么困难的事情。我们历来主张把作文范围或题目提前数天布置给学生，再引导他们通过观察生活来搜集、整理资料，这样，学生对生活才会有较强的感性认识和较深的理性认识。"为有源头活水来"，作文的源头应该是生活。一位著名的相声演员说过这样一段精辟的话："过去，让我们演一个矿工的段子，我们要到矿山同工人们下到矿井里摸爬滚打一个月，一个月回来，我们说的词全是工人的词，全是生活的词。如今不同了，头天晚上给你一个本子，第二天让你上戏，我们哪还演得成？"艺术创作如此，作文也是创作，本应该也如此。

3. 看重批改，忽视讲评

"当语文老师累"，这是所有做语文教师的共同体验和感受。语文教师较其他科教师在备课、批改上任务繁重了许多，尤其在批改上，一摞摞的作文通常压得语文教师喘不过气来，没等上一个作文批完，下一个作文又该做了，搞得语文教师在作文批改上疲于奔命，结果学生对老师辛辛苦苦写下的批语通常不买账。这就促使语文教师改进批改方法。在作文批改上，我们主张重批轻改，"批"也主张用欣赏的眼光去批，把学生作文中用得恰当、精妙的词句画出来，把主要的问题批示出来，而

"改"则应调动学生自己去改,教师改得再多,那也只能是教师自己的东西,这并不能代表学生的感受、认识。况且教师精力有限,一次作文,两个教学班,八九十人,八九十篇作文,改是改不过来的。还有一点,"批"应及时、快速,时间一长,不仅批者对学生作文没多少印象,就是学生对自己的作文也会淡忘。

在作文教学过程中,有一种趋势是忽略了讲评的重要性。在笔者看来,讲评在作文的培训过程中起着至关重要的作用。在进行讲评时,教师应该指出学生作文中的一些典型问题,应该给予更多的鼓励,即便只有一个优美的词句,也要给予它足够的认可,这样才可以让学生感受到教师对他们作文的赞赏和认可,同时也能让他们深刻体验到写作的成就感。这种做法不仅降低了教师的工作压力,也为学生提供了锻炼机会,并教会了他们的审美鉴赏技巧。综合来看,笔者个人认为,一堂高质量的作文讲评课不只是对前一篇作文的概括,更是为下一篇作文铺垫的起点。

二、初中语文教学改革的策略

(一)创设情境激发学生学习兴趣

在教学过程中,教师可以采用情境式的教学方法,激发学生的探索欲望,进而点燃他们对学习的热情。采用这种教学方法可以让学生沉浸在真实的学习环境中,有效地吸引他们的注意力,并在增强学生的课堂参与度的同时,也能显著提升他们的语文成绩。在常规的课堂教学中,情境的构建是至关重要的,尤其是在教学开始时的兴趣引导,教师必须确保为学生营造一个积极的学习环境。

例如,在讲到人教版初中语文《芦花荡》一课时,教师可以首先进行课堂导入,利用语言引导学生:"同学们,在战火纷飞的抗日战争时期,有着许多感人的英雄故事,其中有位老人,虽然年纪已经接近六十,但他使部队的物资轻松地通过敌人的封锁线,及时送到解放军的手中,在当时可谓一个传奇人物。今天老师就带领同学们去感受一下《芦花荡》，认识一下这位英雄老人！"

通过这种导入教学，能够使学生对文章产生浓厚的兴趣，从而积极地参与到课堂学习中，主动地配合教师教学，有效提高了课堂的教学效率。

（二）鼓励学生自由选择课文学习顺序

传统的语文课堂教学，始终采用"从头到尾"的课文讲解顺序，这种授课方式的最大弊端就是会将学生的思维局限在教师之前设计好的圈子内，严重限制了学生的想象力和创造力，同时这种教学方式与新课改的教学要求存在严重冲突。所以，教师在教学中要根据课文的不同，引导学生自由选择学习顺序，以此来拓展学生的思维，开辟新的学习领地。

例如，在讲到人教版初中语文《孔乙己》一课时，文章开头就对咸亨酒店进行了描写，对于当时社会环境下的酒店学生很难理解，如果硬让学生先从乏味的、不理解的开头去学，会给学生造成严重的心理负担，从而影响教学效率。所以，对于这篇文章，教师在教学时可以让学生自由选择自己喜欢的语段学习顺序进行阅读学习，最后谈一谈自己的想法和理解。这样的教学设计，虽然学生选择的顺序不尽相同，但是阅读效果明显更好，学生不仅可以在阅读过程中将文章的重要语段准确找出来，还能快速地整理文章的故事情节，实现了轻松高效的课文学习。

（三）组织学生积极进行自主探究

学生在学习过程中难免会对同一个问题产生分歧，这时教师要从课文的内容、情感等方面对学生进行点拨，以此来帮助学生得出正确结论。语文教师在进行教学时一定要注意引导学生多元化理解，既要注意培养学生正确的价值取向，同时还要尊重学生独特的情感体验，这样培养出来的学生才能拥有较强的语文水平，使学生的文化品位、审美情趣等实现全面的提升。此外，良好的朗读课程能够有效地提高学生的自主学习和自主研究能力，因此学生在进行朗读时，教师要在旁边帮助学生把握正确的文章情感，积极引导学生进行自主探究、自主思考，全面提高朗读能力。

第四节 初中语文高效教学的诠释

一、关于高效教学

《现代汉语词典》中高效是效能高、效率高的意思。王荣生先生认为："教学"概念特指教学实践中教师这一方的行为，即相当于教师的"教"。教学的核心问题是"怎样教才是有效的"。当然，这里所说的"教"，绝非以往的那种教师讲、学生听的"单向授受"，而是以"学"的结果作为价值取向的，"学"是教学中至关重要的因素。下面从"学"的结果来分析"有效"（"有效"的指向即为"高效"）的角度，介绍两种"高效"的方法。

（一）杨振宁的"渗透性学习"

杨振宁认为，学习有两种方法：一种是按部就班的；另一种是渗透性的。渗透性的学习方法，就是在你还不太懂的时候，在乱七八糟的状态之下，就学习到了很多的东西。很多东西常常是在不知不觉中，经过长时期的接触，自己也不知道什么时候就懂了。

杨振宁的观点概括起来包括几个要点：①"渗透性学习方法"是"触及未知领域"的最好的学习方法；②这个方法不仅对学习语言有用，对其他任何领域的学习都有用，特别是对于中国传统教育所训练出来的年轻人有决定性的重要作用；③作用于阅读时，"渗透性学习方法"的要领是硬着头皮不查字典地看一本书，开始虽然模模糊糊，但继续看下去，逐渐就清楚了。

（二）斯金纳的"程序学习"

斯金纳（B. F. Skinner, 1904—1990），是美国现代著名的学习心理学家，曾经长期在哈佛大学从事研究工作，是著名的行为主义者，对于操作性条件反射的研究有重大贡献。他的"程序学习"有以下要点：

1. 两个条件

（1）学习者要有一定的积极反应。

（2）在反应之后要立即强化，如果强化迟缓，效果将显著减弱。

2. 四个步骤

（1）积极的反应。犹如练习传球，球到手后要立即投射出去。

（2）及时强化。对于学习者训练（学习）的结果要立即予以强化，对了就要巩固，错了要及时纠正。

（3）小步子。对训练（学习）采取小步子，在能够不断、连续正确解答的条件下，可将学习的步子（阶段、间隔）变得小些，便于去除指导（线索、暗示等），丢掉拐杖后，尽快地独立学习。

（4）自定步调。根据自己的进展速度，不急于求成，从慢到快，才能学得扎实、学得牢靠。

斯金纳的程序学习，使学习变得相对容易，有利于学生自学，学生可以按照适合自己的进度进行学习。程序教学运动曾在20世纪60年代盛行。客观地说，斯金纳的"程序学习"对于培养习惯和纠正行为是行之有效的。

一些学者认为，斯金纳的强化理论不仅在理论上具有深远的意义，在实际应用中也有着不可忽视的价值。这主要表现为：为学生的行为提供必要的信息，进而影响他们的学习态度、学习动力和情感状态，从而助力学生自我加强；决定强化效果的因素包括学生的积极态度和主动性、教师的威望以及强化材料的特性；在教学过程中，应当严格遵守客观性、一致性、及时性以及效能性等基本原则。

二、初中语文教学高效化的实现策略研究

初中语文教学中，如何实现课堂教学的高效化，让学生在有限的时间内有更多的收获，是初中语文教师要深入研究并进行探索的重要内容。从教学的角度来说，学生是学习的主体，因此，高效化的课堂离不

开学生主体作用的充分发挥，初中语文教师要给学生创造良好的环境氛围，提高他们在学习中的主动性。初中语文教师要善于引导和培养学生对语文学习活动的良好兴趣，为他们的主动探究学习提供有利的条件，让学生可以在学习活动中感受到语文学习给自己带来的变化，提高他们学习积极性的同时，也让他们不断地成长，增强内部学习的动力[1]。那么，对于初中语文教师来说，该如何从具体的工作着手，提升初中语文课堂教学的效果呢？笔者主要总结了以下几点：

（一）用创新改革的意识和行动，推动高效化的实现

在初中语文教学改革的过程中，教师扮演着主导性的角色。只有当教师采取创新的实际行动时，他们才能围绕如何高效地解决问题进行广泛的调查和深入的研究，从而有效地推动实践改革的进程。作为初中语文教师，有必要进一步深化对学科教学活动的认识，尊重学生的学习习惯，并努力激发学生的内在潜力。在笔者看来，如果教师想要在语文课堂上实现高效的教学效果，首先需要具备改革和创新的思维以及高尚的品质。教师需要将课程改革中的教育观念和思维方式完全融入日常的课堂教学活动中。身为一名教育工作者，应当熟练掌握前沿的教学技巧，持续地累积宝贵的经验，并根据学生的具体情况制订合适的学习策略和计划。对于教师而言，也需要持续地学习，并将最新的教育理念、知识和方法融入学科的教学过程中。因此，要构建一个高效的课堂环境，首要条件是拥有一名高质量的教师和一名持续学习的教师。教师在道德风范和专业教学能力上，都需要加强对自己的要求，并始终对自己的职业充满敬意。只有当教师对教学理念有了深入的理解，提高了自己的业务能力，增强了课堂教学技巧，才能真正地展现出教师在课堂教学中的领导作用，从而激发学生的学习热情，调动他们的学习积极性，并确保学生在教学过程中充分发挥他们的主导角色。因此，为了真正满足初中语文教学标准并提升教学效果与品质，初中语文教师需要改变他们传统的

---

[1] 胡爱如. 浅析初中语文高效课堂阅读教学策略［J］. 情感读本，2019（23）：68.

教育观念、教学方法以及个人职业成长的思维方式。

（二）重视备课环节

充分的课前备课不仅可以高效地利用课堂时间，而且由于教师提前做了足够的准备，他们能够针对课堂上可能出现的各种情况，制定出相应的应对策略。充分备课可以让课堂教学的流程更加顺畅，教学目标也更容易实现。初中语文教师在备课时，首先研究《课标》和教材教学上的内容，要遵循学科教学的一般要求，也要尊重学生们学习发展的规律，把教材和《课标》研究透彻明确，对于学生的学习情况有一定的预判，从而做好重难点解决的有效应对措施[1]。初中的语文教师需要对整个课程流程进行全面和系统的规划，尤其要考虑到学生如何参与其中，以确保学生的主观能动性得到有力的推动。教师在教学过程中，无论是如何引入新的课程、展示研究课题、明确教学目标、执行教学目标、解释课文内容，还是课堂提问、板书设计、多媒体的有效应用、习题的科学组织，以及如何对所学知识进行总结和概括，都需要经过深思熟虑和精心策划。因此，为了确保课堂教学的高效进行，高品质的备课环节显得尤为关键，初中语文教师需要重视这一环节，从而提高整体的学科教学效果。

（三）营造和谐的课堂氛围

当学生处于一个轻松的学习环境中，他们更容易将焦点集中在目前的学习任务上，在这样的背景下，他们的学习成果通常会更为出色。对教师来说，营造一个轻松、和谐的教学环境可以帮助学生更好地集中精力，激发他们的内在潜力，从而提高课堂教学的整体效果。

在课堂教学中，教师扮演主导角色，而学生则是核心参与者。只有当这两个群体互相尊重和理解时，课堂的氛围才能得到真正的提升。教师应该大胆地去实践，努力创造一个和谐的课堂环境，让学生在一个轻

---

[1] 杜圣强，陈晓燕. 浅析初中语文素质教育与创新教学[J]. 中国校外教育，2017（20）：43.

松的环境中去探索新的环境，并鼓励他们积极地参与课堂活动，与教师共同创造课堂内容。当学生能够更好地展现他们的主观能动性时，教师与学生之间的交流和沟通将变得更为流畅，课堂的创造性也会增强，这将使教师和学生都感受到更多的成就感。因此，初中语文教师需要擅长创造一个和谐的学习环境，以促进学生的学习状态。

（四）善于培养学生的学习兴趣

高效的学习离不开学生的主动投入，离不开学生学习兴趣的充分调动。兴趣是成功的奠基石，只有有了浓厚的兴趣，才能干好一件事情。那么，教师该如何改变学生被动学习语文的状态呢？想让学生愿意学、乐意学，最有效的方法就是激发他们的学习兴趣，让他们学习语文的动力被充分地调动起来。所以，初中阶段高效的语文课堂的创设，需要师生之间共同努力和密切配合，让学生兴趣被始终保持在较高的水平。学生只有有兴趣，才能真正把所学的内容记在心里，也能够主动地探索整合自己学过的知识和经验。所以，初中语文教师要通过把握学科的教学内容，进一步丰富自己对于高校课堂构建的理解，让语文课堂成为学生喜欢并且积极参与的课堂，也能够让学生把好的习惯延伸到课堂之外，主动地进行阅读和写作等练习活动。

简言之，教师在学生的学习过程中起着关键的引导作用。为了构建一个高效的课堂环境，教师需要在思维和行为上都有所转变，建立一个高效的课堂环境，让初中语文教学更迅速、更有效地走向高质量和高效率的道路。

第二章　初中语文高效课堂的组成

第一节　高效课堂的基本概念

高效课堂，简言之，就是高效率的课堂，即在单位时间内（一节课时间）教师利用科学的教学手段，采取恰当的教学方法，满足不同层次学生的不同层次的学习需求，师生共同高质量、高效率地完成既定的教与学的任务。高效课堂定义中的要素包括：①单位时间，一般特指在一节课的时间内。②强调师生共同参与——教师完成教学任务，学生完成学习任务；两项任务，师生共同参与完成。③强调高质量、高效率；衡量的标准是学生学懂、学会。④科学的教学手段、恰当的教学方法是高效课堂的保障。

高效课堂有其鉴定的标准，这个标准可以概括为三个维度：课堂容量（知识的宽度与深度）；学生学习活动的强度（学生学习的参与度和思维强度）；师生认同度（师生对知识的认同度和情感的共鸣度）。

一、课堂学习的容量

一节课是否高效，与这节课所包含的知识总量有关。一般而言，课堂上学生学习的知识和能力总量越大，课堂教学的效率越高，课堂就越高效；反之，一堂课所涉及的知识和能力总量越少，课堂教学的效率就越低。课堂容量是衡量课堂效率的重要指标。课堂知识和能力总量是由教学目标来确定的，因而一节课要学习的知识和能力总量也是可以无限扩大的，必须根据本节课的教学目标，在目标的统帅下，教师科学设置知识和能力学习的宽度和深度，从而达到增加课堂容量的目的。当然，在课堂教学中，增加知识学习的宽度和深度不是随意的，必须紧扣教学目标。在教学目标的指导下，教师对知识和能力进行适当的拓宽和加深，既不能脱离目标，也不能脱离学生的实际，要以学生能够学习和掌握为标准。而那种脱离目标的随意拓宽和随意加深，是典型的"跑题"；拓宽和加深学生无法接收的知识和能力，是无用的。因此，课堂学习的容量大小也有一个"度"的问题。

知识学习的宽度不是知识本身的宽度，主要体现在知识的横向联系上。它可以体现在新旧知识的联系上，即既可以是通过新知识的学习去巩固旧知识，也可以是以旧知识的复习巩固来引出新知识，其目的是让新旧知识融会贯通，形成知识体系；还可以体现在"此知识"与"彼知识"的辨析和区分上，其目的是更准确地理解和把握所学的知识，避免相近、相似知识的混淆。知识的宽度有时甚至可以体现在填补文本的"艺术空白"上，通过启发学生的想象和联想思维，结合学生自身的生活经历，填补文本的艺术空白。此外，对知识的迁移和拓展也是拓宽知识宽度的主要且必需形式。教师通过知识的迁移和拓展，既可以让学生学以致用、活学活用，又可以让学生在学用结合中提高言语能力。通过这些方式，课堂上学生学习的知识就会变得很丰满。当然，这样的横向联想必须紧紧围绕教学目标这个中心来展开。

知识学习的深度不是知识本身的深度，主要表现在知识的纵向联系上。一是体现在知识与能力的转化上，换句话说，就是将语文知识转化为听、说、读、写的语言能力。语文是一门工具性学科，它的主要作用在于运用，运用能力则体现在听、说、读、写四大能力上。二是体现在思维的深度上。思维的深度，就思维品质而言，就是学生思维的深刻性、独创性和批判性。在阅读教学中，思维的深度就是学生在读懂作者的基础上，比作者更好地理解作品，读出"我"的理解。只有真正让学生读出了对文本的"我的理解"，才能让学生有阅读的体会和感悟。学生自己的体会才是学生阅读的目的。对文本理解的不同，是语文最大的魅力。一部《红楼梦》诞生了，正是因为有对作品的不同解读，才有红学会的诞生，这就是《红楼梦》的魅力，也是语文的魅力！

关于学习的宽度和深度，我们来看一个教学案例：四川师范大学教授刘永康在四川省骨干教师培训中教授《简笔与繁笔》第二课时的时候，引导学生从对文本内容的学习转为对文本形式的探讨，探究事例论证的特点。该教师分以下几个步骤授课：[①]

第一，从事例的数量角度进行探讨。教师引导学生探讨："为什么说明简笔的妙用和繁笔的妙用都分别用了两个例子？"教师为了便于学生回答，将这个大问题分为两个小问题："简笔的妙用和繁笔的妙用的两个例子能否减少一个？"在教师的引导下，学生悟出了这些例子都是必需的。接着再探讨"例子能否再增加"，在教师的引导下，学生懂得了议论文的第一个原则就是使用的事例必须是必要的，而且是充足的。

第二，从事例的顺序角度进行探讨。在教师的引导下，学生懂得了事例论证要遵循的第二个原则：观点统率事例，事例证明观点，二者要一一对应、丝丝入扣，不能发生错位。

第三，从事例的时代性和长短角度进行探讨。先探讨时代性——例子既有古代的又有现代的，让学生懂得议论文用例要具有代表性。接着从长短角度探讨——为什么说明简笔的妙用要用长文章的例子，而说明繁笔的妙用要用短文章的例子？教师引导学生回头参看第一自然段"文章的简繁又不能单以文字的多寡论，要做到各得其所，各尽其妙"，学生自然就得出用例要典型，并顺利归纳出议论文用例的第三个原则：事例要有代表性和典型性。

第四，从对事例的分析角度探讨。教师引导学生得出议论文用例的第四个原则：对所使用的事例要进行适当的点评，体现事例与论点的内在逻辑联系。

第五，在总结议论文用例的四项基本原则的基础上，举一些简笔与

---

① 李明霞，李建国，徐秀丽，等. 学生为本与高效课堂［M］. 北京：中国轻工业出版社 2015.

繁笔的实例，让学生运用四条原则进行辨析、修改。

这个案例紧紧扣住"事例论证有什么特点"这个教学目标进行教学，抽丝剥茧，层层深入。一个文本，值得学习的地方很多，涵盖的知识面也很宽泛，在有限的45分钟内，教师选点突破，抓住一点，纵横挖掘。这一挖掘可不简单，让学生懂得了议论文用例的四项基本原则，用一点生出一面；紧接着，读写结合，让学生运用所学原则去辨析文章写作实例、练习文章修改，使整节课有了立体感。这样的课堂，教学内容不深，但是学习层次很深，教学的知识点少，但是学习的知识有了宽度。像这样的课堂，容量就大，效率就高。

二、学生活动的强度

实际上，课堂教学是学生的学习旅程，这种学习过程是在教师的引导和指导下进行的。因此，在评估一节课的效率时，最关键的因素是学生在学习过程中的参与程度。那种教师滔滔不绝、学生默不作声的课堂，肯定不是高效的课堂，因为学生的学习是被动的，教师采用的是传统的教学方法。在一个真正高效的课堂环境中，学生是以积极和主动的态度参与学习的，而教师的角色主要集中在指导学生应该学习哪些内容、如何进行学习以及如何有效地进行学习。学生活动的强度不仅体现在他们的思考、实践、口头表达和视觉使用上，还表现在教师与学生、学生与学生之间的积极互动中，即他们主动地参与学习过程。为了鼓励学生积极地参与学习，关键在于释放他们的手、嘴、眼、耳和大脑。在文化课程里，学生的实际操作、思考和口头表达的活动量是主要的体现；在体育课程中，学生的运动量（通常通过脉搏和肺活量来评估）是一个主要的指标。观察学生的能力成长，我们可以发现它主要在学生的思维活动训练中得到体现。

一般而言，学生积极主动地参与到教师、同学的互动学习中，认真思考问题，探究问题解决的办法，积极主动发言，学生的活动强度就大；而那种只带"录音机"（耳朵听）、"摄像机"（眼睛看）的同学，活动强度就小。因此，教师调动学生主动学习、主动参与的积极性，提高学生学习活动的强度，是高效课堂的重要保障。提高学生学习活动强度的有效手段就是将学习目标转化为一个学习的任务，并将任务问题化，让学生带着问题去思考、去探究、去体验、去领悟。教师设置问题要具有开放性、思辨性，不能简单地设置成教师与学生之间"一问一答式"的问题，更不能是"对与否""是与不是"的判定式问题。

我们来看一个例子：一位教师在口语交际课中，以"我喜欢的卡通"为题进行口语交际教学。教师向学生依次发出三问："你喜欢什么卡通？""你为什么喜欢卡通？""你喜欢卡通的程度有多深？"当学生就这三个问题交流完后，教师顺着第三个话题，发出第四个问："当有的同学沉迷于卡通时，请你以家长或老师的身份去做该同学的工作，你将怎么说？"一个简单的问题，将"喜欢"卡通转入"迷恋"卡通，由卡通的好处转入卡通的害处，学生的角色也发生变化，由学生转为家长或教师。问题一变，学生的身份发生了变化，思维也发生变化，看待问题的立场也随之变化，这种变化让学生正确理解了不管什么东西，都是利弊共存、利害相生的，好的东西也不可过分迷恋；最重要的是，让学生体会到了教师和家长对他们的关心和爱护。这样的问题设置，具有较好的开放性，让学生有话可说。同时，通过问题设置，让口语交际的话题逐步深入，既训练了学生的言语能力，又培养了学生正确的情感、态度和价值观，可谓一举两得。

三、师生的认同度

课堂上师生在教学中配合是否默契，师生对学习的目标、过程与方法、态度与价值观等是否认同，是考查一节课是否成功的标志。

（一）体现在教师与学生对知识和能力目标的认同上

认同度高，说明教师"教懂"了，学生"学懂"了；认同度低，说明教师在传授或指导上没有将新知识与学生的旧知识（包括生活经验）在思维上建立必要的联系。教师在教学中，最高明的做法就是将要教学的新知识尽可能地与学生的生活经历、经验或已有的知识建立联系，用生活经历或经验，用已有的知识去解读、认识新知识。教师的作用就是帮助学生建立这种联系。所以，巩固复习旧知识，再去教授新知识，是一些经验丰富的教师常用的方法，这种方法很实用。

师生的认同度可以从三个方面去思考：一是在教学目标的设置上师生要共同认同。教师可以用与学生协商的方式确定教学目标，也可以教师确定目标以后，以激发学生兴趣的方式让学生积极主动参与学习。让学生认同教学目标的目的是让学生"愿意学习"，只有师生都认同的目标才是课堂教学可以实施的目标，因为这样的目标是课程标准与教材内容高度统一的目标。二是对教学方法、学习方法和过程的认同。教师确定目标以后，运用什么方式、采用什么途径和方法进行教学，关系到学生学习的效果。要让学生积极主动地学习，就必须让学生认同教师提供的方法和过程，这样学生的实际学习效果才会好。三是对师生互动学习成果的认同。学生学习成果与教师期望一致，说明学生学习达成了学习目标，学习的效果自然很好。严格说来，师生互动的学习成果还应该与教材作者或编者的意图一致，才可能真正地将教材学懂、学透了。

（二）情感共鸣度

教学过程不仅是一个知识和能力的学习和训练过程，而且是一个对学生进行情感、态度与价值观的培养的过程。教育的任务最首要的是培养学生成人——由自然人成为社会人，这就是教育的"育人"功能。情感、态度与价值观也是三维目标中一个重要的目标体系，是教师在课堂教学中必须达成的任务目标之一。只有教师传递的情感、态度、价值观以"正能量"方式与学生情感合拍，形成共鸣，才可能感化学生，触动学生灵魂，促进学生的心理健康成长。当然，不同的学科，情感培养的侧重点不同：语文学科重在培养学生的人文情怀，它的核心价值就是把学生培养成"思想更深邃、情感更丰富的人"；数、理、化学科重在培养严谨的态度和科学精神；艺术学科重在培养学生的审美情趣；体育学科重在培养学生的意志品质；劳动教育重在培养学生的实践精神和劳动态度。

阅读教学是教师、学生、文本和作者之间进行交流对话的过程,这种交流对话也包括了情感的交流。教师在阅读过程中与文本进行的是最直观的互动,而这种互动也是一种与作者之间的间接情感交流,其中文本作为教师与作者沟通的中介。同理,学生在阅读时也会按照这种模式进行情感的互动。身为一名教师,有责任通过科学的方法来引导学生,确保他们的阅读情感、作者的情感和学生的阅读情感在一个统一的文本中达到情感的共鸣。当共鸣度提高时,就意味着阅读的效果更为出色。

以上几个维度是考查课堂是否高效的基本标准,也是教师教学应该遵循的基本原则。把握好三个维度,教学就可以做到有的放矢,教学也就会高效,"办人民满意的教育"也不应该成为一句空话。

第二节　高效课堂的内容

广大一线教师的理想是使每一节课都能成为高效课堂。那么,如何让自己的课堂成为高效课堂呢?

一、执行好适切的教学目标

在一节课开始之前,设定一个恰当的教学目标是确保课堂教学效果良好的关键。课堂的效率很大程度上依赖于课堂教学目标的实现情况。为了在课堂上有效地执行和实现教学目标,有几个关键方面需要特别关注。

(一)明示教学目标

某些教师或许会误以为,教学目标就在他们的内心深处,学生会跟随他们学习,从而自然而然地理解一堂课的目标,但实际情况并非如此。建构主义的观点是,学生在学习新知识时,是在过去的经验和新的信息之间建立一种有意义的联系。换句话说,当学生明确了课堂上的学习目标后，他们会更迅速地与过去的知识和经验相结合，这样在教师和同学的协助下，他们就能更深入地理解和掌握这些知识。这也有助于加强学生与学生、教师与学生之间的互动，从而更有效地实现教学目标。但是在某些情况下，教师还需要基于学生的情感和学习状况，对课堂教学的目标进行必要的阐释。

（二）明确教学任务

要明确课堂教学的核心任务，关键在于确保任务与既定目标相吻合，确保任务的完成是目标达成的步骤。但是，在实际的教学过程中，教师很容易仅根据教材的内容来制定教学任务。尽管任务已经达成，但所设定的目标并未得以实现。比如，一名高三的地理教师参加了一个复习示范课程，课程结束后，教师们给出了这样的评价：从这堂课的内容来看，它无疑是非常成功的；但是，在高考复习的大背景下，这节课的效果并不理想，因为教师教授的内容并不是考试中需要掌握的部分。

（三）优化实现路径

在设计和实现课堂教学目标时，存在多种不同的途径和方法，其中教学设计通常是从一个宏观的整体扩展到各个具体的局部。而实现课堂教学目标则是从一个局部区域扩展到一个更全面的整体。因此，如果教师能在一堂课中有效地解决一两个涉及全局的关键和难点问题，并在课堂上引导学生从简单到复杂地分解这些问题，或者通过设置讨论和体验的场景让学生深刻理解这些核心和难点，那么实现课堂教学目标的途径将会变得更加顺畅，从而提高课堂教学的整体效果，并自然地达成教学目标。

（四）重视目标达成

每位学生的家庭背景和他们的学业表现都各不相同。为了提高课堂教学效果，教师在教学过程中必须努力实现更高的教学目标。因此，在课堂教学中，教师需要根据学生的整体学习状况来有针对性地提升教学目标的实现程度，这被视为高效课堂教学的一个关键指标。课堂教学目标是确保大多数学生在课堂上掌握知识,并培养他们的自主学习和拓展能力。即便有一小部分学生在课堂上无法实现教学目标,教师依然需要思考如何通过课外教学的辅助工具来引导学生达成这些目标。

二、运用好精心准备的教学设计

一个好的教学设计是高效课堂的法宝,是取得教学成功的保障。如何运用好精心准备的教学设计呢?

(一)落实校本化、班本化策略

现代学校在遵循教学规律、增进教学效益上做了许多探索,譬如通过强调集体备课来提高备课质量,优化教学设计,进而促进课堂教学效益的提高。但是,集体备课所凝聚的集体智慧通常可以解决普遍性与共性问题,却不能解决不同学校和不同班级具体的个别化问题。因此,教师在真正实施课堂教学时,都要进行个人的第二次备课,形成自己有针对性的教学策略。校本化或班本化的教学策略通常很容易让课堂学习高效起来。[1]

(二)根据教学内容和进程确定合适的课型

从知识传授、活动模式和组织方式等多个方面来看,课堂教学的课型可以被划分为新课程、复习课程、讲评课程、作文课程、实验课程、自习课程以及整理课程等。课程改革的目标是转变学生的学习模式,摒弃单一的被动学习方式,鼓励学生采用自主学习、团队合作和探索等多种学习方法。只有根据教学内容的复杂性和教师与学生的实际需求来设计课程,才能确保课堂学习的高效性。

(三)做好教学目标知识化和问题化的呈现和随机应变

课堂教学目标具有多样性,包括知识、技能、能力、态度、情感和创造力等多个方面的培养目标。教师在进行教学整体设计时,需要根据

---

[1] 项家庆,陈小平. 高效课堂的理念与实践 [M]. 天津:天津教育出版社,2018.

教学实际情况和课标要求,将"三维"目标细化为具体的问题和挑战。然而,教师在执行教学活动的过程中,还需要对知识化和问题化的问题进行深刻思考,并仔细规划问题知识的展示形式。特别是在课堂教学中,教师需要根据学生的实际情况灵活调整,重视课堂中的创造性问题。

(四)把握好教学内容难易程度

教学内容需要明确重点,确保难度和深度适中,以满足学生的近期发展需求。在教学过程中,教师要特别强调与学生已掌握的知识和相关学科知识的紧密联系,并着重于策略性知识的教授。

(五)明晰课堂教学结构

课堂教学活动的组织结构应当是合理的,包括适当的密度、速度和强度,同时作业量应适中,并应具备一定程度的创新性。

(六)选择恰当的课堂教学方法

在教学过程中,教师所采用的方法和工具应与教学的目的和内容相一致,强调为学生创造有问题的学习环境,并鼓励学生进行自我学习、团队合作、探索和表演。

(七)保持良好的课堂教学教师形象

作为教师,应该展现出积极和正面的情感,并展现出庄重、大气和从容不迫的形象。

(八)有积极的课堂教学预想效果

在进行课堂教学的过程中,教师应该对学生在知识技能掌握、创造性思维培养以及情感和心理发展等多个方面的成效持有积极的期望,并对课堂教学效果持有坚定的信心。

三、选择灵活的教学方式

教室里的教学方式并不是刻板和不变的,而应该是充满活力且随着时间变化的。现阶段,为了构建一个高效的课堂环境,教师必须坚持课程改革的理念，打破传统的单一教学模式，努力改变教师的教学方法和学生的学习方式。

（一）转观念，弃老套

高效课堂要求教师转变观念、转换角色，由知识的传授者变为学习的引导者、促进者，与学生共成长，与学生一起"同学"。课堂即学堂，上课即上学，教书即进修。正如陶行知先生说的："好的先生不是教书，不是教学生，而是教学生学。"课堂教学不再以教师的"教"为中心，而以学生的"学"为中心。课堂上，学生自主学习探究，积极地合作交流，大胆地展示质疑，认真地思考和反思，学生才是课堂的"主角"；教师许多时候则退居幕后、"隐身江湖"，必要时则出来"穿针引线""指点江山"。

高效课堂要求教师摆正并扮演好自己的角色。课堂上，师生间是导演与演员关系，不是演员与观众的关系，教师如导演，学生如演员。预习时，教师要不断穿插在各个学习小组之间观察、答疑、抽查、询问，了解每个学生的自学情况，对于有共性的疑难问题，教师及时予以点拨，引导同学顺利完成预习任务；展示时，教师要适时地点拨、追问、归纳、总结，并做激励性评价。学生是课堂真正的主人，教师要敢于放手，切忌抢学生的风头。教师越勤快，学生越懒惰。教师"放"的幅度越大，学生"动"的幅度就越明显。正如一位教师在高效课堂报告中说的：你给学生一个平台，他的表现将是你预想不到的。

（二）固根本，善反思

在探索高效课堂的实践中，有的教师为了迎合新课改的需求，大胆地进行创新，结果学生课堂上热热闹闹，课下却什么都不知道，该抓住的没抓住，该落实的没落实，没有课堂实效，更谈不上课堂高效。所以，教师在课堂教学中一定要抓住根本——课程标准，课堂环节的设计和课堂活动的组织都必须围绕课程标准来进行，都必须紧扣学科学习标准，以达成学习目标。

课堂教学是否达到高效，首先要反思课堂三维目标是否达成。教师在备课时，要围绕三维目标展开，知识与能力、过程与方法及情感、态度、价值观三方面要灵活贯穿于整个教学过程设计之中。课前，教师可先将三维目标板书在黑板的醒目处，三维目标表述的语句要力求简单化、具体化，可操作性强，让学生易懂，切忌过于空洞、抽象、烦琐、深奥，那样学生会产生厌烦、抵触情绪。学生预习课文前可先朗读学习目标，从整体上了解要掌握的内容，把握好学习的方向，这是高效的前提。教学过程中，教师要时时紧扣三维目标来展开，基础知识目标可通过预习来解决，然后在合作交流探究反思中提升能力，培养情感、态度、价值观。课堂教学结束前，师生可一起回顾三维目标，检验目标是否一一落实。

（三）观学生，看差异

课堂上的教学方法五花八门，尽管很多方法表面上看起来很出色，但在实际应用时可能并不总是那么高效。一个显著的实例是，在课堂教学竞赛中，尽管采用了相同的教学方法，某些教师在自己的班级中获得了出色的教学成果，但在其他班级或学校进行教学时，效果却远不如预期。造成这种情况的原因是什么？原因就是没有深入了解学生的真实情况，也没有充分考虑到学生之间的真实差异。

每个学生的先天素质、生长环境、主观努力不同，每个学生的学习和表现都存在明显的差异。这就要求教师的教育教学不能一概而论，而应牢固树立"面向全体，关注差异"的意识，从学生的实际出发，了解和关注每一个学生，了解学生心理上的不同需要，关注学生的个体差异，进而采取不同的方法，满足不同学生的学习需要，让每一个学生在身心上和学习上都能得到充分的发展。"一切为了学生的发展，为了一切学生的发展"新教育理念也要求教师关注的不是自己喜欢的或表现优秀的学生，而是全体学生。可以说，如果一个班级或一个学校培养出来的学生成绩和表现悬殊，哪怕它培养了再优秀的人才，从整体上来说，它也是失败的。只有注重了学生差异、关注了全体的课堂才是高效的课堂。只有适合学生的教学方式，才是最好的方式，也是最有效的方式。

（四）研问题，求价值

将问题带入学生心中，是决定当前课堂教学是否能够达到高效的核心因素。学习始于思考，思考始于疑惑，疑问始于提问。在课堂上，引人入胜的问题成为激发学生思考的催化剂。通过提出问题，教师能够启发学生思考，加强师生之间的情感沟通，从而提升课堂教学的效果。然而，在实际的教学过程中，许多教师提出的问题或者过于简化，仅仅是走形式，或者问题过于复杂，超出了学生的知识边界。这些因素都限制了学生的思考激情，因此很难达到预期的效果。因此，仅仅存在问题是不够的，教师还需要重视问题的实际价值和实际效果。

1. 问题要从学情出发，切合学生实际

很多教师在准备课程时，往往盲目地复制教学参考书或网络等其他资源的设计思路，其中很多是表面上看似很好的问题设计。然而，当这些问题被应用到自己的课堂教学中时，效果并不理想，有时甚至难以持续实施。造成这种情况的原因是什么？原因在于忽视了学生的实际情况，没有考虑到他们的学习状况。笔者有幸参加了一堂市级的公开课，其中教师提出的问题很具有价值，学生的参与度很高，师生之间的互动也非常活跃。在返回学校之后，笔者根据这一教学方案在所教班级里教授了一堂课程。在提出某些问题的时候，学生们表现得相当迷茫，这让笔者觉得这节课似乎停滞不前。事实上，笔者没有考虑到所教班学生的真实情况。他们在学习的基础和能力上都显得较为薄弱，某些题对他们来说似乎过于困难。只有真正合适的事物，才能被认为是真正合适的。当问题变得过于简单时，学生可能会选择不回答；而当问题变得过于复杂时，学生可能会感到害怕和反感；只有那些与学生实际情况相匹配的问题，才能真正激发他们的思考热情。

2. 问题力求趣味性、探究性，能引发学生思维

正处于青春成长阶段的学生，他们在理性思考方面的进展相对较慢，且对事物的感性理解较为深入。因此，教师在课堂上提出的问题应当与学生的身心成长相匹配，避免使用过于抽象和乏味的方式。教师追

求的是生动、形象、巧妙且富有趣味性的教学方法，旨在激发学生的思考能力，激发他们的探索精神和发现欲望，使他们在愉快的学习过程中积累知识。

3. 问题要精当，忌过多、过繁

教师在设计问题时要力求精练，言简意赅。怎样做到这一点呢？首先要紧扣重难点来提问。重难点是所学的关键内容，紧扣了主题，这类问题就有了相当的思考价值，能够收到"牵一发而动全身"之功效，也是解决其他问题的关键。其次要围绕疑点、争议点来提问。疑点、争议点是学生思维的症结所在，通过提问来引导学生解决疑惑和争议，如同剔除了阻挡问题解决的障碍，学生的思维会如行云流水般畅快，其他一些问题也会迎刃而解。另外，问题要有利于师生共同探讨。新课改提倡合作、探究，教师设计的问题也要利于培养学生的合作意识、探究能力，让学生在解决问题中合作意识得到培养，探究能力得到提高。最后，提问要做到适时适度。许多教师认为，课堂上只要有问题，学生就会跟着转，因此通常会设计大量的问题，结果又走向了一个误区。问题设计不是越多越好，过多、过繁的问题如同画蛇添足，只会让学生感到厌烦，这样一堂课下来，教师也累，学生也累，进度也耽误了。

4. 问题要善于由浅入深，注重对学生的引导

教师在设计问题时，不应突然而过猛，而应根据学生的思维模式，逐步引导，从简单到复杂，确保问题在自然中得到妥善解决。

（五）稳节奏，重生成

在探索高效课堂的过程中，有些教师为了追求所谓的"高效"，加快课堂的节奏，增加课堂的容量，提升课堂的强度，但是课堂的效果不是很理想。一个高效的课堂并不总是快速、大容量和高强度的，只有那些真正适合学生并能极大地推动学生成长的课堂，才能被认为是高效的。在进行课堂教学的过程中，教师需要精准地掌握课堂的节奏，稳健地推动教学进程，避免急功近利和拖沓，灵活运用穿插、指导、点拨、追问、归纳和点评等多种教学手段，以游刃有余的方式展示教师的基础

技能，并在每一个环节都展示出教师独特的课堂魅力。

生成，是相对于预成、既定而言的，《辞海》中的解释是"自然形成"。它反对教师对学生的一味"塑造"，强调教学的过程性，突出教学个性化构建的成分。课堂教学是一个生成的过程。课堂是活生生的课堂，课堂的主人翁——学生与教师都是活生生的生命个体。课堂无法像电脑般按程序完成所有步骤，课堂中随时会生成计划外的东西。著名教育学家叶澜曾经说过："课堂应是向未知方向挺进的旅程，随时都有可能发现意外的通道和美丽的图景，而不是一切都必须遵循固定线路而没有激情的行程。"在课堂教学中，教师要善于理解学生的异见，鼓励学生的创见，宽容学生的误见，捕捉学生凸显的亮点。学生不仅是课堂的主体，也是教学资源的构成者和生成者。课堂在互动中不断生成，在生成中激情飞扬。

（六）建小组，引导互助

在高效课堂中，小组合作学习被视为一种重要的学习方法。如何确保学生真正融入小组的合作探索活动中，并确保合作学习的有效性，这一议题受到了众多人的高度关注。要实现高效的课堂教学，学习小组的高效率是至关重要的。当我们成功地组建了一个团队，我们便真正理解了高效课堂的核心精神。在高效的课堂环境中，合作学习主要是以小组为核心进行的，而建立这样的学习小组则是开展合作学习的基础。在组织结构上，小组成员需要在性别、学术表现、学科成绩、智力水平、个性特质以及家庭背景等多个方面展现出合适的差异性，以便让每一个小组成为整个班级的微缩模型。在此之中，挑选一位表现出色的小组长显得尤其关键。小组长要有较强的组织协调能力、较高的责任感、较好的服务意识和较强的管理能力，能带领小组不断前进。小组成员间要做好分工，各司其职、各负其责，力求人人有事干、事事有人干。为了督促小组的进步，小组评价是激励机制之一。教师的课堂评价应突出小组评价，让每一个成员因小组的进步而感到荣耀，而不是单打独斗、各自为战。合作学习应本着"不求人人成功，但求人人进步"的理念，学生只要是跟自己过去比，能力有所提高，就应该给予肯定和表扬。

在合作式学习过程中，教师应当扮演学生学习的策划者、参与者以及指导者的多重角色。当学生开始合作学习的时候，教师应肩负起更为重要的管理和调节职责。教师需要对各个小组的协同学习进行实地观察和参与，以便为他们提供及时有效的指导建议。如果有学生不积极地参与到与合作学习无关的交流活动中，或者某个小组表现出不认真的态度，教师应当立即进行适当的引导，并提出明确的教学要求；当小组的讨论内容偏离了主题或遭遇阻碍时，教师应当迅速为小组的讨论提供指导和建议。当教师进行考察与指导时，应该对学生中出现的思考火花给予积极的评价和表扬，并对出现的问题给予及时的纠正、指导和建议，确保学生的思维能够沿着主流方向前进，更接近他们的学习目标。

（七）常赏识，勤评价

教师所具备的幽默感、热情、基础知识和评估能力，都是激发学生参与热情的有力工具，也是实现高效课堂教学的关键。所有事物的成长都依赖于阳光和水分的滋养，而学生的进步同样离不开教师的认可和鼓励。在日常的课堂教学活动中，教师应当善于挖掘学生所展现出的亮点，并在适当的时候给予他们应有的评价。高效的课堂教学要求教师高度重视赏识教育。每一位教师都应该掌握赏识学生的技巧，能够流利地说出一些常见的赏识性语句，例如，"你的嗓音格外响亮""你的板书写得非常工整""你的分析非常准确""你的质疑具有很高的价值""你的回答充满了深刻的见解""你比过去进步了很多""我觉得你非常像一个小老师"，等等。在课堂教学中，教师不应回避学生的错误，而应将他们所犯的失误视为宝贵的教学资源。

教师应当善于对学生在各个学习阶段的表现进行适当的评估，并通过这种适当的评估来激发学生的积极性和指导他们。在课堂教学过程中，教师需要高度重视并妥善运用评价工具，因为它具有显著的激励效果。根据笔者个人的观察和体验，那些会高度评价并有效利用评价工具的教师通常会使学生在课堂上的参与度增加，从而使课堂变得更加充满活力。值得特别注意的是，课堂评价应该是自然的、熟练的，应该实际有用，不应该仅仅为了评价而评价，也不应该频繁、刻意地评价，评价的句子应该恰到好处、点到为止。在进行评价时，教师不能太过随便，评价的标准必须恰到好处，重视公正性，确保学生的信任，这样评价才能真正产生实际效果。

（八）察效果，重反馈

高效课堂不仅要求"学生动起来，课堂活起来"，最重要的是"效果好起来"。想要知道课堂的效果如何，做好课堂观察很有必要。它要求观察者带着明确的目的，直接或间接地从课堂上收集第一手资料，并依据资料做相应的分析、研究，以改进学生的"学"和教师的"教"。例如，观察教师教学环节的设计，教学手段的运用，组织课堂、调控课堂的能力，学生课堂的参与性、参与度，以及课堂的有效生成等。

课堂是否有实效，课堂检测很重要。课堂检测应注重对"弱势学生"的检测，可分层级来设题检测，做到既面向全体，又关注差异。课堂检测的题目要"精"，在突出基础的同时紧扣教学重点；课堂检测的题型可丰富多样，判断、选择、小问答皆可，依具体内容而定；课堂检测的量要适中，以3~5分钟为宜。

课堂上的反馈既包括学生的意见，也包括教师自己的意见。反馈的核心目标是刷新教师对课堂的看法，优化教学方法，确保课堂的效果和效率得到最大化，从而使学生得到全面成长。反馈应该是多维度的，包括对学生预习进度的反馈、对学生在课堂上的倾听情况的反馈、对学生合作探究能力的反馈、对知识实施情况的反馈，以及对一些需要改进的问题的反馈等。面对反馈情况，教师必须迅速进行深入的分析和研究，找出问题的根源，并采取相应的解决措施，将优秀的经验进行推广，而不佳的则应立即进行改进。反馈的数量越多，所做的改进也就越多，从中获得的经验也就越丰富，这样课堂效率才会逐渐提高。

四、激起创生的教学智慧

创生即创造产生，生而成长，也就是指在课堂教学中创造一种存在形式，并赋予它意义。如果没有意义，创生便不成立。"创生"课堂，即"创新、发展"之课堂，是充满教学智慧的课堂。那么，课堂上教师如何才能创生呢？

（一）提升课堂驾驭能力

1. 良好的思维能力

（1）思考的精确度。在课堂教学中，知识的呈现是科学和准确的，而在教学过程中，思维则是科学和细致的。（2）思考过程中的逻辑性。在课堂教学中，教师的教学思路应明确且组织有序。（3）对思维的总结性描述。在进行课堂教学时，教师应对教材的内容进行适当的处理，即展现其整体情况并强调关键点。（4）思考方式的分散性。在教学过程中，学生可以从多个角度、多个层次和多个方面思考和开展教学活动，思维方式宽广，并能提出各种假设和解决问题的策略。（5）思考方式的多样性。具备灵活变通的思维方式，能够产生出奇制胜的教学构想，并提出全新的教学思路、方法和措施。（6）思考方式的创新性。可以创造出创新的、他人未曾预见的优质教学思维、方法和措施。

2. 娴熟的表达能力

（1）较强的口头语言表达能力，指教师口头表达科学准确、简洁易懂，逻辑严密、生动，能吸引学生。（2）较强的文字表达及板书能力，即文字功底好，能写一手好字，板书结构好，既能反映教学全貌，又能突出重点。（3）较强的身体语言的表达能力，即能充分恰当运用身体的位置、姿势、动作与表情来表达自己的思想感情和教学内容。（4）善于运用传统教学媒体与现代信息技术媒体的能力，即指善于运用实验设备、录音机、电视机、幻灯机、投影仪、多媒体技术、网络技术等进行教学。

3. 出色的组织管理能力

这包括与学生建立良好关系的能力、鼓励学生主动参与学习、激发学生的学习兴趣、创造课堂教学氛围、组织多种形式的教学活动、管理学生在课堂上的学习行为和纪律、对课堂教学进行反馈和调整的能力、评估课堂教学效果、激励学生学习的能力、应对突发事件的应变能力，以及强大的人格和情感感染力等。

4. 高超的教育影响力

教师必须注意自己品格、能力、知识、情感四个因素的影响力。具有高贵品质的教师能使学生产生敬爱感，诱使其模仿，能力因素能诱使学生产生敬佩感，起着心理磁力作用，吸引学生加倍学习。知识因素具有科学性、权威性，可使学生产生信赖感，没有较高层次的学识和不具有渊博知识的教师是很难做到这一点的。情感因素对个人起催化作用，师生建立良好的情感关系，便能产生亲切感，相互吸引。

（二）营造积极氛围，激发向学情感

教师需要深挖教材里的情感元素，激发学生的学习积极性，创造一个积极的情感环境，并最大限度地激发学生的学习热情。

（三）调控教学目标达成路径

这意味着为了确保教学的成功并实现预定的教学目标，教师在整个教学过程中，将教学活动视为意识的焦点，并持续、积极地对其进行规划、检查、评估、反馈、管理和调整等各种活动。

（四）运用课堂教学评价策略，增强激励性评价的生命力

教师要以先进的教育思想为指导来评价课堂教学，科学地对课堂教学目标、内容、结构、方法、效果、特色等方面进行评价。评价要体现教学目标的三维性，关注学生的全面发展。一是强化课堂评价；二是课堂评价和课外评价相结合；三是把单一的个人评价转变为小组评价；四是把行为评价和学习效果相结合。同时，在课堂进程中，要多给予学生激励性评价，为创生教学提供生成的可能。

五、培育自主的学习能力

教学的真正要义在于教会学生自己学习。因此，课堂上培养学生自主学习能力至关重要。那么，课堂上怎样培养学生自主的学习能力呢？

（一）从培养学生学习兴趣入手

学生的学业表现与他们对学习的热情密切相关。只有当一个人对某事产生了浓厚的兴趣，他才会愿意去做，因为这种兴趣能够激发他的积极性。

1. 多种方法激发学生学习兴趣

例如，通过伟人的事迹来激发学生的学习热情，通过理想来激发学生的学习兴趣，通过改进教育和教学方法来激发学生的学习兴趣，通过创造应用机会来激发学生的学习兴趣，通过创设问题情境来激发学生的学习兴趣，以及通过鼓励提出疑问来激发学生的学习兴趣。

2. 品尝成功喜悦，稳定学习兴趣

在课堂环境中，引导学生体验到成功的学习过程，进而稳固他们对学科的学习热情。

3. 开展课程文化活动，发展学习兴趣

在课堂教学中，教师不能单纯地指导学生如何吸收知识，而应更多地关注学生对学科课程的文化体验，并积极组织各种相关活动，以激发学生的学习热情。

（二）着力养成良好的学习习惯

在平时的课堂教学中，教师应特别注重学生良好学习习惯的培养。

1. 预习习惯

无论是哪一门学科，都要求学生在学习新课之前养成先认真预习的习惯，并要做到：（1）认真看书的习惯。不是完成任务式地将教师布置的内容浏览一下，应付一下预习题，而是"用心"地读书，特别是语文、英语更要大声朗读。（2）有圈点勾画的习惯。古语云："不动笔墨不读书。"预习时,既要圈出自己认为重要的地方,也要画出疑难之处。(3)设问、好问的习惯。预习时要仔细思索,脑海里不断出现问号,又不断自己去消灭问号,也就是说,要多问自己几个"为什么"。碰到自己不能解决的疑难,可先与同学讨论,也可请教教师,决不轻易放过一个问号。这样积极地思索,预习时就充满了解决问题的乐趣。

2. 听思兼行习惯

课堂是学生获取知识的主阵地,课堂上学生的状态直接影响其学习效果:(1)入神听讲的习惯。在认真预习的基础上,"带着问题听课",自然能够提高课堂效率。(2)认真观察的习惯。学会完全独立观察,使学生逐步掌握通过观察比较、做出判断、发现规律的观察方法。在观察中发展智力,逐步养成细心观察的习惯。(3)认真思考的习惯。课堂上,要引导学生勤动脑子想问题。(4)积极展演的习惯。学生的思维紧跟教师的讲解,积极开动脑筋、踊跃举手发言,既能活跃课堂气氛,又能调动学生的积极性、主动性。要让学生习惯于"说想法"。所谓说想法,就是说思路、说思维的过程。同时,要给每个学生说自己想法的机会,可以个人独自小声说,也可以同位之间练习说,还可以四人小组互相说等。(5)认真记笔记的习惯。"好记性不如烂笔头",虽然课堂上大家都能听得懂,但重要的内容、关键的地方一定要有做笔记的习惯。只要注意训练,学生就能主动明白哪些该记、哪些不该记。做好课堂笔记更有利于今后的复习巩固。

3. 复习习惯

(1)及时复习的习惯。在课程结束后,应当及时进行复习,这是一个知识的消化和吸收的过程。部分学生只满足于在课堂上能够理解内容,却忽略了及时复习,导致他们学到的知识一学一失,收获甚微。(2)有"追根溯源"的习惯。要注意不是去死记结果,而是弄清楚怎么会得到这个结果的。"不但要知其然,更要知其所以然。"比如,数学、物理的题目是根据什么原理或公式解的。对于语文、英语中需背诵、默写的部分,也该在理解层次、掌握规律的基础上去记忆、背诵。(3)指导学生养成边看课本边整理所学知识的习惯。每学完一个单元，教师可不留作业，由学生自己复习课本，整理已学知识，归类、编号，练习写简短的复习提纲或笔记。每隔一段时间，选择优秀笔记组织传阅，进行评议，以调动学生"自己学"的积极性。

4. 作业习惯

(1) 先复习后作业的习惯。在确保及时复习的前提下，进行作业（强调独立完成作业，避免抄袭），这也是一个加强和巩固的步骤。此外，它还能评估学生对知识的掌握水平，并能够及时地识别和解决存在的问题。(2) 审题的习惯。准确地审查题目是解决问题的核心。学生在解决问题时犯下的众多错误，并不是因为他们缺乏必要的知识，而是因为他们缺少审题的习惯和技巧。为了确保作业的准确性，教师必须努力培养学生仔细审题、明确题目要求后再进行解题的好习惯。(3) 有良好的书写习惯。书写习惯包括姿势（坐的姿势和握笔姿势）、书写工整、卷面整洁、书写速度。良好的书写习惯既可养成学生认真做作业的习惯，又能使他们练出一手漂亮的字。(4) 独立做作业的习惯。这意味着学生需要仔细审查题目，明确题目的要求，独立地完成所有作业，对于未经深思熟虑的作业，不应轻易向他人询问，并确保准时完成，没有遗漏或延误，今天的作业就在今天完成。(5) 自我纠错的习惯。能够对自己的学术表现进行评估，确实是一种高质量的学习过程。在教育过程中，教师需要培养学生的判断能力、自我评估和自我评价的习惯。教师应引导学生仔细审查由教师批改的作业，如果发现作业存在错误，应立即进行修正；引导学生针对自己的作业中出现的错误进行深入分析和原因总结，从而培养学生的自我评估和自我检查能力，提高作业的准确性。

5. 好问习惯

孔子说："学而不思则罔，思而不学则殆。"不学不问，难有学问。比如，在学语文时，不仅要眼到、耳到，还要心到、口到，积极开动脑筋思考。经常勤思好问，积极发言，不但可以使自己的思维变得活跃，而且可以提高自己的口头表达能力。

(三)逐步提升学生的学习品质

学习品质指的是学生在学习过程中展现的态度、情感、决心、思考方式、记忆力、集中力以及学习流程等各种心理和行为特质。

1. 动机培养与激发的对策

(1)明确学习的目的和意义,激发学生的求知需要。学生学习目的明确,学习态度端正,是对提高学习积极性长时间起作用的因素。教师要促使学生看到学习的实际价值,诱发其学习动机,从而把学习当成自身的需要,变"要我学"为"我要学""我爱学"。(2)培养独立进取的个性及设定中等难度的学习目标。学习的驱动力与个体的独立和进取精神是紧密相连的,个性是选择独立进取还是选择被动退缩,这与动机的深度有着直接的联系。具有强烈的上进心和高度的抱负,将会不断地促进学习活动的高效进行,同时良好的学习效果也会增强学习动机的自我强化作用。相对地说,如果一个人缺乏进取心并且抱负不高,那么他的学习可能会陷入被动,甚至可能导致恶性循环。对于中等难度的学习目标,只要付出足够的努力,就能达到,让自己深深感受到成功的喜悦,进而激发学习的热情和动力。(3)要注意教学内容的新颖性和丰富性,采用多样化的教学方式。某些学校的教学环境有限,这在某种程度上限制了教学方法的多样性,并对学生知识领域的拓展构成了显著的阻碍。然而,教育工作者应当致力于利用周围有限的教学资源(如现代化的教学方法),以确保课堂内容不会过于单调和无聊。

2. 积极的学习态度

所谓的积极学习态度,意味着学生不仅要对自己有信心,同时也要对他人有信心,坚信自己有能力从他们那里获取有价值的知识和技巧,从而实现个人的成长。

3. 浓厚的兴趣

兴趣的形成,根本在于是否主动地探索。例如,陈景润证明"1+1",这在常人看来实在是"枯燥乏味"之极,但他本人乐此不疲。这是什么原因呢？原因就在于这是出于自觉自愿主动进行的探索研究。如果不是主动地探索，而是被动地接受，就会索然寡味了。

4. 坚强的意志

在学习的旅程中，常常会遇到某些内容暂时失去了学习的热情，或者遇到一些令人困惑的问题而长时间无法解答，甚至有些内容刚开始确实引起了浓厚的兴趣，但随着学习的深入，这种兴趣逐渐减退。所有这些，都离不开坚定的决心作为支撑。如果仅仅基于个人兴趣去学习，那么很有可能会在中途放弃，之前的所有努力都会白费。另外，在学习的旅程中，经常会遭遇来自外部的各种打扰，这需要学习者以坚定的决心来应对和排除。坚定的意志不是天生就有的，是通过后天的培育和锻炼来塑造的。

5. 科学的学习方法

（1）学习要注意计划性。一项好的学习计划应包括自己应达到的目标、分析自己目前存在的问题、制定详尽的学习任务表。相信按学习计划坚持不懈地学习下去，会取得良好的学习效果的。（2）多练习，多反思。反思的本质是对已完成的题目进行整理和归纳，概括某一类题目的固有规律，这样在未来面对这类题目时能够迅速做出回应，确保答题的准确性。此外，对于那些经常感到模糊的问题，有必要对相关教材内容进行深入的复习。通过这种方式，可以更深入地认识到自己的知识体系中可能存在的缺陷，并迅速地进行查找和完善，确保不留下任何学习上的问题。（3）注意积累，持之以恒。积累在学习之中是一个非常重要的过程。只有学会积累，才能更好地滋养自己的知识大树，使其枝叶茂盛。

"学无定法"，每个人在学习过程中要善于找出适合自己的学习方法，找出一些行之有效的学习规律，多探索、多实践。在此基础上，再虚心向他人请教，了解一些优良的学习习惯，把它们切实应用到自己的学习中去。这样坚持下去，自主的学习能力就会得以形成或提高。

第三节　高效课堂的形式

一旦教师明确了构建高效课堂所需的基础要素，探究如何在课堂教学过程中有效地展示这些教学内容就变得尤为关键。通常，内容的精确性决定了形式的存在，但形式的有效性通常会对内容的实施产生倍增的效果。这一点可以从全国范围内高效课堂建设的成功案例中略见一二。

一、高效课堂有效呈现的基本方式

（一）预习

旨在明确学习目标、形成本课题的重难点并初步达成目标。

1. 做好预习指导

在高效的课堂教学中，预习指导被视为最主要的职责。在安排学生进行预习的过程中，教师的角色应被特别强调，教师不应简单地让学生随意浏览书籍、标记段落或突出重点，而需要在六个关键方面提供全面的指导，包括补充个别信息、启发学生的思考方式、指导学生的学习方法、预设疑难问题、设计教学亮点以及进行基础部分的达标检测。

2. 落实预习要求

在完成预习指导之后，一个至关重要的问题是学生的预习要求是否能够得到真正的执行和落实。因此，制定一个执行预习要求的具体方案变得尤为重要。

预习课通常要把握好四个步骤：出示目标，明确方法；小组合作交流与自主交流；疑难反馈；成果总结。

（二）展示

旨在让学生交流预习的学习成果，进行知识的迁移运用，对感悟进行提炼提升。

教师根据学情组织学生把学习成果进行展示。展示可分为小组内部的"小展示"和集中进行的"大展示"。大展示要讲究技巧，多展示"普遍"问题、具有代表性的问题，一般主张由学力较弱的学生多展示。当然，对展示内容，教师要学会取舍，太难和太易的都不作为展示内容。此外，教师要敢于"利用"学生，学会利用学生的"错误"，激起相互间的质疑对抗，实现学生自身能力差异的资源共享。

（三）纠错

纠错是一种习惯，也是一种能力。纠错可以让学习更高效，是一种解决问题的重要方法。

教学中，教师要立足于从教学环节抓起，开展易错题辨析，注重当堂纠错，及时矫正反馈。具体做法是：变"一步纠错"法为"三步纠错"法。第一步，平时作业或者测试题中出现的典型错误，可在课堂上及时订正纠错；第二步，每一个学生都准备学科"纠错本"，把做错的题收入其中，并注明错在哪里，找出原因，每一单元、每一章节都进行总结交流，使学生在纠错中不断进步和提高；第三步，教师也准备一个"错题本"，把学生的易错题积累下来，在复习时进行二次辅导：对于概念不清的问题，加强理解应用；属于认知性的错误，及时纠正；对于"夹生"的知识，复习提高。这样一来，对于难以理解的问题或者记忆能力差的学生，经过"三步纠错"，及时查漏补缺，大多能够彻底解决问题，提高认知水平和能力。

（四）质疑

学生课堂表现得精彩与否和教师思维导引的深度往往取决于对抗质疑的效度。"学起于思，思起于疑。"好问是孩子的天性。在课堂教学中，教师要让学生存疑，才能更好地激发他们主动探索、积极思考，产生怀疑的冲动。如何张扬学生个性，激发他们大胆质疑呢？笔者认为，可以从三个方面努力：一是创设宽松和谐的课堂环境，鼓励学生敢问；二是围绕教学目标巧妙启发，引导学生善问；三是发挥激励性评价优势，激励学生乐问。

（五）点拨

点拨是一把火，能促使学生的思维放出火花。教师的艺术化点拨，能有目的地引导学生去发现、去创造，从而达到教学效果的最优化。

根据《课标》，教师在整个教学过程中应扮演核心角色，而学生则应被视为教学的中心。因此，教师在课堂教学中适当地采用点拨教学方法变得尤为关键。一是要适量点拨。课堂上教师应紧扣教学目标筛选有价值又容易被忽视的问题进行点拨，要抓住主题、突出重点、突破难点，达到以少胜多的效果。二是要适度点拨。教师的课堂点拨应力求点拨出学科味道来，即真正使学生嚼出一点味道来，或者把学生引向学科审美的轨道，使学生得到美的享受。三是要适时点拨。课堂点拨的关键是教师能明察学生思维的火花，及时"加一把火"。一方面是在学生遇到疑难时，采用艺术化的点拨，及时解决学生的疑难问题；另一方面是学生在遇到疑难、把握不准时，教师及时指点思考分析的途径，清除知识理解上的障碍，化繁为简、化难为易，使学生的研讨活动得以继续进行。适时点拨还包括在学生思维误入歧途时，教师迅速捕捉，凭借机智点拨把学生的思维引导到正确的轨道上来。

（六）反馈

学习的过程应该是一个反思和总结的过程。课堂上教师要重视对预设的学习目标进行回归性检测。

教师可实行验收制度，检查目标达成的情况，关键是突出"弱势群体"，让他们说、谈、演、写，充分发挥"兵教兵""兵练兵""兵强兵"的效能。

在考试制度没有被取消的前提下，任何教学都必须满足两个要求：学生的需要和考试的需要。反馈既是当堂达标，又是教师对知识的提炼、拓展和升华。

（七）开放

学习能力来自"开放"，开放的程度决定了教育的高度。放手就是爱，放手就是"放生"，开放就是解放。

开放式的课堂环境不仅能够塑造学生的个性、释放他们的情感、提高他们的思维能力，还有助于增强他们的学习技巧和互动智慧。例如，一个开放式的语文课程可能会涵盖从文本知识到人生哲理、从基础知识到丰富的故事、从课外活动到情感体验、从文章分析到多样的质疑、从人物评价到多种观点、从单一的思考方式到多个不同的视角、从单一的观点到丰富多彩的环境、从课堂知识到日常生活的实际应用。一个开放的课堂环境需要用一种开放的心态来理解。在日常的课堂教学中，学生在有限的时间内为课堂注入了无尽的活力，这种活力也让教师深刻体验到了自己存在的意义和生命的价值。

二、高效课堂有效呈现的文化追求

（一）合作文化——唯有团结才能高效

为了构建一个真正高效的课堂环境，并确保每一节课都是优质的，必须强化教师与学生、教师与教师以及学生之间的紧密合作。首先教师与学生之间需要构建一个和谐的教学互动关系。在指导和帮助学生掌握知识、提升学习能力的过程中，教师必须与学生同行，多从学生的视角去理解学生的学习进展，真正成为一名助力者、激励者和指导者。其次，教师和教师需要通过集体备课来实现有效的合作。教师需要将自己的专业技能和团队的集体智慧融合在一起，实现分工与合作的完美结合。仅仅依靠自己的知识和教学经验是不足以构建一个开放和高效的课堂环境的。因此，教师需要充分调动自己的知识储备和教学经验，精心设计与学生质量和教学实际相匹配的教学内容，并且在备课过程中要具备前瞻性的意识。此外，还要明确小组合作学习的要求，要经常培训学习小组长，不断增强小组自主管理和自主学习的凝聚力和提升力，真正取得"兵教兵、兵强兵"的学习效果。

（二）反思文化——促优去劣的良方

追求课堂教学的高效性是永无止境的，唯有持续不断地向前迈进。

因此，寻找不足之处、识别差异并寻求进步，应当成为教育者的一种心态和视野。只有当我们将反思转化为一种文化现象，我们的教学方法才能展现出其独特的价值和存在的意义。人们的思维方式往往受到固有的思维模式的限制，因此反思可能会触及自己或他人的具体问题。建立一个全面的反思环境，可以帮助每个人树立正确的态度、明确思维方向，进而转变传统的思维方式。此外，在教学活动中持续进行深入的反思，可以为教学注入更多的意义，仿佛贫瘠的土地获得了所需的肥料。综合来看，教师和学生在教学过程中善于进行自我反思，不仅可以不断地提升和完善自己，甚至有可能实现自我超越。

（三）人本文化——尊重生命的底色

高效课堂的核心是人本，是从学生出发，激发和保持学生的好奇心、展示欲。高效课堂始终是追求"立人"，使人成为人，因而它是一个真正的"教育"概念。

联合国教科文组织在1972年发表的《学生生存》中谈道：教育能够而且必须是一种解放。解放学生的主体性，解放学生的潜在能力、创造能力和开拓探索精神，促进个性的发展，让学生成为"他们获得知识的最高主人，而不是知识的接受者"。

唯有保全作为"人"之学生与教师的人格、兴趣、权利、理想、尊严，教育才会散发着"人性"，才让人迷恋和感动。教育必须服务于"人"的需要，从生存到成长发展。从这个意义上说，高效课堂文化的核心是"人本"。

（四）创新文化——课堂精彩的不竭动力

高效课堂是一种鼓励创新的教学环境，它着重于提供个性化的学习活动，旨在改变传统的教师主导和单向信息传递的教学模式，而更多地强调学生的自主性、合作性和探究性，同时也关注学生在这一过程中所获得的丰富多样的学习体验和个性化的创新表现。

课堂创新的主要表现：第一，把学习的主动权交给学生，充分发挥学生的主体作用。譬如，教师在组织学生学习时，完全可以将学习的内容、主题、展示的形式交由小组学生自己去商量确定，教师主要是预习时提出建议、探究时恰当点拨。第二，运用集体智慧，充分发挥集体的创造力。这一点侧重于让学生在对同学、群学的讨论交流中碰撞出智慧的火花，生成对问题的独到见解，从而衍生思维创新的可能。第三，运用各种手段，提升学生的学习能力。课堂教学设计的独到、课堂教学资源的丰富、课堂教学评价的激发、课堂教学流程的简约等，都可以蕴含创新的元素，蕴含学习的方法与步骤，从而可以更深刻地影响学生，更有效地提升学生的学科学习能力，可以实现更持久的课堂高效。

第四节　高效课堂的原则

实施高效课堂必须遵循教学的基本原则。教学的目的不仅仅是让学生获得知识，更重要的是通过教师的指导，学生以自主学习的方式，积累学习经验，掌握学习方法和养成良好学习习惯，并在此基础上获得生活的能力。因此，"学"是教学的终极目标，"教"是达成"学"的过程和手段。"今天的教，是为了明天不教"应该成为教师教学的出发点和归宿点。就教学中的师生关系而言，学生是学习的主体、学习的主人，是矛盾的主要方面，教师是学生学习的指导者、带路人，是矛盾的次要方面。

德国著名教育家第斯多惠认为："人的固有本质就是人的主动性，一切人性、自由精神和其他特性都从这一主动性出发，都以主动性为核心力量。因此，教育最大的注意力应该放在培养学生的主动性上，教育的最高目标或最终目的就是激发学生的主动性、培养独立性，使人达到自我完善。"主体性教育的三大任务就是培养学生的主体意识，发展学生的主体能力，塑造学生的主体人格。"因材施教"就是主体性教育，其中"材"就是学情、学生实际，"以学定教"就是因材施教的本质特性。所以笔者认为："教学"，应该被界定为偏正关系，"教"是手段和过程，"学"是目的和宗旨。"以学定教"应该是一个优秀教师必须遵循的原则。具体地说，教师要根据学生群体或个体的学习情况、要掌握的知识（学习的知识目标）、学习能力的培养（能力培养目标）、人文教育目标等情况，选择恰当的教学材料、科学的教学方法，运用行之有效的教学辅助手段对学生进行学习指导。高效课堂在此总原则下，还应坚持四项原则。

一、紧扣目标，突出重点

一节课涉及的知识可能纷繁复杂，教师不可能面面俱到，即使做到了面面俱到，也只是蜻蜓点水、浮光掠影，其结果就是教师什么都想教，结果学生什么都没有学好。高效课堂的要义就是紧扣目标，突出重点，抓大做小，凸显实效。目标是教师课堂教学要完成的任务，更是学生学习要达到目的。在课堂教学中，教师的教学目标与学生的学习目标的指向是一致的。《课标》将目标界定为：知识与能力、过程与方法、情感态度和价值观三维目标。三维目标就是教学的重点。教师应该结合教材实际将目标细化、明确化——这节课要学习什么知识，培养、训练什么能力；采用什么方法，以怎样的过程来实现；教学中对学生进行什么样的情感、态度和价值观教育。

为了通俗地说明这三维目标之间的关系，可以将教师教学比作带着学生爬山。爬上山顶就是目标，教师的任务首先是给学生明确任务——爬上山顶；其次要讲解一些爬山的技巧、方法和路径，包括一些安全事项；最后带着学生一起爬山。当然，在爬山过程中，有的学生会迷路，有的学生可能因为道路险峻无法前进等，教师的任务就是给学生指路，或者扶一把攀不上山崖的学生，或者对有畏难情绪的学生进行鼓励，让他们坚持爬上山顶，而不是教师将学生背上山顶。在爬山的过程中，教师的主要任务是帮助困难学生，监督自己能够爬上山顶的学生。虽然爬上山顶是目标，但是爬山的过程才是最重要的。

通过爬山这一过程，教师对学生进行了意志品质的锻炼——"情感态度和价值观"，培养了学生登山的技巧和能力——"知识与能力"，锻炼了学生的身体素质——教育的真正价值所在。因此，在三维目标中，教学的重心应该放在过程和方法上。"知识和能力"——对登山的基本要领的理解和掌握，"情感态度和价值观"——意志品质的锻炼，都必须通过"过程和方法"——登山来实现。然而，登山不是目的，目的是提高学生的身体素质。提高素质的途径很多，登山只是提高身体素质的方式之一。[①]

教师之所以选择登山作为锻炼学生身体素质的手段，是因为教师将"目标"——锻炼学生身体素质细化为锻炼学生的腿部力量，培养学生的攀爬能力、运动技能和意志品质。因此，在课堂教学中，目标虽大，但是落脚点小，课堂教学实施的难度很小，效果也就更明显。课堂教学就应该这样紧紧围绕目标，重点落实好学生的学习过程，让学生积极、主动、自主地学习，教师当好导演就行。

阅读教学是语文教学的重点，因为语言能力的培养需要通过阅读教学这个途径得以实现。虽然不同体裁的文本，其教学的重点是不一样的，但是同一体裁的文本，它的学习重点却是大体一致的，只是在具体的文本中，侧重点有所不同而已。为了更好地把握各种不同体裁文本的教学，笔者将初中语文各种常见文体的学习重点梳理如下，供同行们参考。

（一）说明文

说明文的重点是解决被说明事物的特征、说明方法、说明顺序、说明语言的准确性以及四者之间的关系。具体地说，有四个方面：①把握说明对象的特征。文本都是紧扣说明对象的特征而展开的。②理清说明顺序，把握说明结构。顺序一般有时间、空间、逻辑三种。常见的结构有并列式、总分式、层递式、点面结合式。重点解决为什么使用这种顺序和结构的问题。③分析说明方法。重点学习说明方法的作用和效果。

---

① 朱永飞，贾力耘，杨绪明. 高效课堂的基本要素及其组合原则[J]. 广西师范学院学报（哲学社会科学版），2016（03）：121－127.

④品位说明语言,理解说明语言的准确性。在具体的说明中,语言的准确性可能是一个很宽泛的问题。在不同的文本中,根据被说明事物的性质,可能表现为说明语言的生动性,如运用描写的手法、打比方的方法等;也可能表现为语言的科学性和准确性,如运用科学术语、列数据等;甚至表现为语言的通俗性,如打比方、举例子等。在教学中,教师可以紧紧抓住被说明事物的特征这个"纲",一步一步去分析说明方法、说明顺序和说明语言。

(二) 议论文

议论文的重点是解决论点、论据、论证三者间的关系以及论证语言的严密性。具体有五点:①把握论点,论点是议论文的灵魂,统率全文。②把握论据,重点体会其典型性和代表性。③把握论证,重点体会论点与论据的逻辑关系。④理清论证结构,论证的基本结构为引论—本论—结论,引申出的结构方式一般是总—分—总、总—分、分—总。⑤分析论证语言,重点是分析、体会语言的严密性。

(三) 小说

小说的重点就是理清小说的三要素:故事情节、人物和环境。情节是小说的骨架,通过情节可以理解、分析小说的结构。人物是小说的核心,小说的主要手段就是塑造人物形象,人物形象的刻画主要通过人物语言、外貌、动作、神态、心理等描写来完成。环境是小说的依托,典型人物必须依赖典型的环境。环境分社会环境和自然环境,环境是人物生活的必备条件,可以凸显人物形象,帮助揭示小说表现的主题。所以,小说教学可以从四方面入手:①在特定环境中考察人物。②通过高潮情节发掘主题思想。③扣住主题思想分析表达技巧。④通过对叙述视角的考察,体会行文结构的艺术。

(四) 戏剧

戏剧的重点是解读戏剧的三要素:人物、冲突和语言。矛盾冲突是戏剧最突出的特点,没有矛盾冲突,就没有戏剧。语言是戏剧最主要的表现手段，戏剧就是通过人物个性化的语言来表现人物形象的。在具体的教学中，应：①理清剧本情节。②分析矛盾冲突。③品位人物语言。④重视朗读表演。

（五）诗歌

诗歌是形象和情感的产物。情感是诗歌的灵魂，形象是诗歌的载体。所以，诗歌教学可以这样来实施：①品韵味，读出诗歌的音乐美。②品意味，感受诗歌的意象美。③品情味，读出或感受诗歌的情感美。④品兴味，读出诗歌的艺术美。

由于古代诗歌采用了一些独特的表达方式，因此，在解读古代诗歌之前，必须先理解这些特殊的表现手法，这样才能正确地理解诗歌的内容。下面笔者简述古代诗歌中某些独特的表达技巧以及它们的解读方法。

1. 特殊意象的特定含义

诗歌的表达主要依赖于意象和情感这两个核心元素，其中意象是诗歌表达能力的重要组成部分，因此，对意象的解读成为欣赏诗歌的关键途径之一。诗歌里的某些特定意象具有相对固定的意义，如果不能理解这些特定的意义，就很难正确地理解和欣赏诗歌。

第一，以"柳"寓"惜别"。古时候，人们在送别亲朋好友时常折柳相送。"柳"与"留"谐音，"折柳"有"挽留"之意，故古代诗歌中一些送别诗中常用"柳"这个意象。如唐代诗人郑谷《淮上送友人别》："扬子江头杨柳春，杨花愁杀渡江人。"句中"杨花"指"柳絮"，本诗连用两个"柳"的意象来表达离愁别绪。又如唐代诗人王维《渭城曲》："渭城朝雨浥轻尘，客舍青青柳色新。"用"柳"这一意象来表达对友人的留念和依依惜别之情。这些"柳"不是一个简单的景物描写，而是情与景的交融，是惜别之情的代名词。当然，这仅限于送别诗之中。

第二，以"明月"寄"相思"。明月即圆月，古人用月圆象征人的团圆，故"明月"就有了"团聚、团圆"之意。虽它典出何处笔者只能推断——谢庄《月赋》："美人迈兮音尘绝，隔千里兮共明月。"但有诗为证：如"举头望明月，低头思故乡"是游子思乡的吟唱，"千里共婵娟"是苏轼对亲人的思念和兄弟团聚的期盼，"我寄愁心与明月"是李白对好友王昌龄远别的思念和牵挂。由此可见，"明月"在古代诗歌中是"相思"的寄托物。这主要表现在与相思有关的诗歌中。

2. 铺陈手法的运用及解读

铺陈手法是古代诗歌的常用表现手法，其表现形式是作者将几种景物按照一定顺序排列，在一个或几个诗句中依次出现，词语与词语之间没有连缀词，像电影的蒙太奇手法一样将景物或意象依次呈现。在理解这些诗句时，最忌用现代汉语语法规律将各景物连接成句。如马致远的《天净沙·秋思》："枯藤老树昏鸦，小桥流水人家。古道西风瘦马……"不能简单地将其理解为"一只乌鸦在古藤缠绕的老树上鸣叫，小桥下的流水静静地流过人家……"因为这几种景物的组合方式是不确定的：枯藤可能是缠绕在老树上，也可能是匍匐在树下的地上；乌鸦可能是站在老树上，也可能是在枯藤里扑腾；同样，小桥可能横跨在流水之上，也可能在小溪旁干涸的沟壑之上……词人运用铺陈的手法，将秋天的景物——枯藤、老树、昏鸦罗列出来，这些苍凉的景色烘托出游子远离家乡，漂泊外乡的悲凉心情；同时"小桥流水人家"与"古道西风瘦马"相对照，既写出了游子漂泊天涯的旅途艰辛，又道出了游子流落他乡的悲凉。又如杜牧《江南春》中"水村山郭酒旗风"一句同样使用了铺陈手法，将千里江南的景物——水村、山郭、酒旗、风，纳入视野、收入画卷，描绘出一幅景色绚丽、意境高远的江南春景图。这种表达方式的优势是在有限的字数、较短的句子内表达出较为丰富的内容，正符合诗歌精练的要求。这种方法多用于写景或借景抒情的诗歌中。

3. 互文的运用及理解

互文也称互文见义，指上下文中相关词语互有省略，而意义上相互补充。因为这种表达方式在有限的字数内表达了较为完备和丰富的意义，增加了语句的内涵，所以在古代诗歌中通常采用。如果不了解这种表达方法，就容易对诗句产生错误的理解。如王昌龄《出塞》中的"秦时明月汉时关"就不应该理解为"秦时的明月,汉时的关",而应该理解为"秦时、汉时的明月,秦时、汉时的关"。又如《木兰诗》"将军百战死,壮士十年归"应理解为"将军、壮士百战死,将军、壮士十年归",意思就是"将军和壮士们身经百战,多年后有的战死沙场,有的凯旋"。

4. 对偶手法的运用和作用

对偶是用一对字数相等、结构相同的语句来表达相近、相关或相反的意思。这一对语句前后相连,句式整齐划一,符合古代诗歌的句式特点,因此在古代诗歌中经常运用。根据对偶在表意上的特点,在教学或阅读诗歌时,通常可以根据上句或下句的意思去判读另一句的意思。比如,"春蚕到死丝方尽,蜡炬成灰泪始干"(李商隐《无题》),其意为春蚕只有到死的时候才会停止吐丝,蜡烛只有化成灰的时候才会没有了泪水。"丝"与"思"谐音,实为"思念"之意,由此可以推断"泪"是指蜡烛燃烧时流下的蜡油,实是指人的相思之泪。此外,根据对偶具有上下两句对应词语词性相同的特点,我们还可以判断一些特殊词语的词性和读音。比如,"苔痕上阶绿,草色入帘青"(《陋室铭》),因为"入"是动词,所以与之相对应的"上"也应该是动词,而不是方位名词,其读音应该读"shàng"(去声),而不应该读"shang"(轻声),断句应为"上阶绿",而不能理解为"苔痕上"。

在诗歌创作中,还有许多不同的表达技巧,如采用比兴、夸张以及想象等多种方式。然而,这些技巧在诗歌创作中的应用与其在其他文学形式中的效果相差无几,因此这里就不再详细描述了。上面提到的几种诗歌表达方式,通常仅在诗歌这一文学形式中出现,这是诗歌独有的表达方式。读者一旦掌握了这些技巧,就能更准确地理解和解读诗歌,这对于教师的教学和学生的学习指导都是非常有益的。

(六) 记叙文

记叙文是以记叙、描写为主要表达方式,以记人、叙事、写景、状物为主要内容的文体,其主要特点为内容的真实性、选材的典型性和语言的情感性。记叙文阅读教学可分以下四方面进行：

第一，理清要素。时间、地点、人物、事件及其起因、经过、结果是记叙文的基本要素。第二，理清思路。文本中，作者的写作思路通常是通过线索表现出来的。记叙文的线索一般有时空的转移，游踪的变化，事件的发展变化，与中心有关的事物、人物的情感变化等。结构也是线索的外在表现，常见的结构有总分、并列、对照等。第三，理解中心。文本中心要找到突破口：以记人为主的记叙文要抓住人物的典型言行；叙事的记叙文要抓住主要事件和情节；写景状物的记叙文要抓住作者的情感和景物特点。第四，品位语言。抓住关键词句，即具有个性特点的词句、具有深刻含义的词句、情感色彩浓烈的词句、运用修辞手法写景状物的词句、集中表现中心思想的词句等进行赏析。

（七）文言文

第一，知识层面的教学要求。①认读文字。如多音字、通假字、异读字。②积累词汇。掌握一定数量的实词，理解一些虚词的作用。③掌握活用。如名词作动词；名词、动词、形容词的使动用法；名词、形容词的意动用法；名词作状语。④了解句法。包括判断句、否定句、省略句、宾语前置句、定语后置句、介宾结构后置句、被动句等。

第二，思想感情层面的教学要求。①把握文言文承载的思想内容。②通过问题探究主题思想。③通过诵读领会感情意图。

（八）散文

散文的特点是"形散而神聚"。"神"是散文的主题和灵魂，"形"是散文的表现形式和手段。

抒情散文主要侧重情感的传达，它可以是情境的融合，也可以通过物品来表达志向，或者是通过景物或事件来表达情感。在教学过程中，抒情技巧应被视为核心内容。因此，在教育过程中，教师应当重视抒情散文的核心内容，并对其表达技巧进行深入的学习。

在进行叙事散文的阅读教学时，首先需要明确故事中的情节，因为情节是文章结构的深层反映。其次，需要深入理解作者的思维和情感，因为情感是散文的中心和灵魂，对于学生来说，它具有"培养人才"的功能。最后，需要对选材的代表性进行深入分析，包括典型的角色、典型的实例和典型的环境中的人物表现，以加深主题的理解。

在议论性散文的阅读教学中，教师应当认识到作者所持的观点并非纯粹的学术立场，也无须进一步证明。尽管学生可能对作者的看法持有异议，但在开始阅读之前，学生需要首先明确作者的立场。尽管它具有一些议论文的特点，但在教学过程中，教师可以结合使用议论文和散文的方法来进行教学。

二、教师精讲，学生多学

一节课，通常只有45分钟，教师要在有限的时间内完成既定的教学目标（三维目标），需要经验，更需要智慧。课堂教学，必须激发学生学习的主动性、积极性，让学生主动参与自主学习的活动。学生学习所获得的知识和能力才是学生自己的。因此，教师在课堂上，应该尽可能地将有限的时间交给学生，让学生自主探索、自主练习，而教师则要"管住自己的嘴"——少说废话。那么，教师该怎么讲、讲什么？四川师范大学李华平教授做了一个非常明确的回答：坚持"五讲五不讲"。

（一）五讲

学习目标必讲——学什么，即教师必须将教学目标细化为"三维目标"，并根据教材实际将"三维目标"落实到具体的知识和能力上，让学生学习做到有的放矢，增强学生学习的目的性和方向性。

学习方法必讲——怎么学，即教师要让学生自主学习，必须对学生进行学法指导，让学生明白用什么方法学习最高效。高明的教师都善于将学法与教法有机统一在一起。

学生不懂必讲——释疑解惑。学生在学习过程中，难免会遇到困难，教师必须对学生自主探索中遇到的困难给予帮助、指导。一般而言，入门知识需要教师讲解，如初一的学生因为知识储备较少、生活阅历浅，自主学习能力不强，需要教师讲解。

归纳总结必讲——构建知识体系，建立学习模式。零散的知识只有在学生的头脑中建立起体系，才可能生根发芽，结出智慧的硕果。学习模式是方法论的格式化，教师要培养学生的学习能力，让学生养成终身学习的习惯，因此学习方法的培养显得尤为重要——授人以鱼，不如授人以渔。

营造学习氛围必讲——激发学习兴趣，激励学习信心。兴趣是学习最好的老师，学生有了学习兴趣，自主学习的积极性、主动性会更高，学习的欲望会更强烈，学习的信心更足，学习的效果当然就越好。

（二）五不讲

1. 与教学目标无关的话不讲

教师教学必须紧扣教学目标开展，与本节课教学目标无关的内容，如果讲得多，既占用了学生学习的宝贵时间，又让学生不知教师讲的哪些知识最重要，导致学生学习不知所措。更重要的是学生在学习中会因为教师的"废话"迷失方向，从而导致学生学习效率低下，严重的会挫伤学生学习的兴趣。

2. 教师自己不懂的不讲

信息的传递已经步入了网络化的时代，而知识的更新速度也在不断加快。没有任何教师能够完全掌握人类的全部知识，面对现代的知识体系，教师也显得相对脆弱。考虑到学生具有强烈的好奇心和求知欲，教师很可能会觉得学生的问题很难解决，这是情理之中的事。在学生的面前，教师没有理由假装理解，如果教师假装理解，这不仅会对学生造成伤害，还可能破坏教师的公众形象。学生更倾向于欣赏一位真诚和谦逊的教师，而不是那些假装理解却误导学生的教师。

3. 讲了学生也不懂的不讲

学生在吸收和理解知识时，不仅需要有坚实的知识基础和知识储备，还需要有丰富的生活经验。对于超出学生认知范围的知识，教师无须进行讲解，因为讲解往往是徒劳无功的，这不仅浪费了宝贵的时间，还造成了情感上的浪费。

4. 学生自己能学会的不讲

课堂教学实际就是一个学生学习的过程，而不是教师教学的过程。因此，课堂的主要时间应该让学生自己去学习，他们能够自己学会的，教师就没有必要再讲。魏书生先生的"六步教学法"和"四遍八步读书法"，其实质就是以学生为主体的自主学习过程，"六步""八步"既是学习方法，又是学习习惯，这种方法将使学生终身受益。

5. 学生已经掌握的不讲

学生已经掌握的知识，教师也没有必要再讲。如果教师在课堂上对学生已经掌握的知识仍然喋喋不休、唠唠叨叨，学生对教师只会心生反感，甚至会因为讨厌教师而厌恶这个学科。《学记》有言："亲其师，信其道。"笔者认为，反之亦然。

学生多学，在主体功能上体现为尽可能地解放学生的口、手、眼、耳等学习感觉器官。解放"口"，就是要让学生多说、多讨论、多朗读，目的是培养学生的言语能力；解放"手"，就是要让学生多练、多写，通过练习对知识进行巩固，并形成技能；解放"眼"，就是培养学生的观察能力，让学生学会观察，养成观察的习惯，对于提高学生的阅读能力和写作能力很有帮助；解放学生的"耳"，就是培养学生"听"的能力，能够听准字音、听懂他人的谈话，甚至能够听懂言外之意。学生的听、说、读、写能力是通过充分解放学生的感觉器官来培养的。语文素养要提高，必须彻底解放学生的口、手、眼、耳等感觉器官。在学习时间分配上，体现为尽可能将时间用于学生学习。

三、师生互动，学生主动

教学过程是教师以"教"为手段，组织学生"学"的过程，因此教学过程其实就是学生的学习过程。学生主动学习的过程就是学生知识的生成过程、学习方法的掌握过程、学习习惯的养成过程、学习能力的培养过程。当然，知识也可以通过教师以传授的方式告诉学生，但是这种知识很难真正内化为学生的知识。学生即使暂时掌握了这种知识，那也是"死知识"，学生最终无法灵活运用，也很容易遗忘。学生通过主动地学习，将新知识与旧知识、生活经验通过思维在大脑中建立联系，从而使新知识之花扎根于旧知识的土壤中，结出丰硕的果实——构建起知识体系。这样掌握的知识才是学生真正学到的知识。同时，通过自主学习实践反复练习，学生在探索知识的过程中，会不断总结，得出一套适合自己学习的方法，从而养成了自主学习的习惯，培养了自主学习的能力。这些都是教师无法通过"口授"教给学生的宝贵财富。

教师的作用就是指导学生有目的地学习，重点指导学什么（学习目标）、怎么学（学习方法指导）、为什么学（激发学习兴趣）。即使是这样的指导工作，教师也要做到"眼中有学生"——要与学生互动，学习目标的确定要与学生达成共识。从需求的功利性原则上说，教师和学生的需求功利是一致的。因此，教师要尽可能地将教学目标通过共同探讨的方式转化为学生认可的学习目标，让目标成为学生学习的需求。学习方法的指导也要得到学生的认同。学习方法要"寓学法于教法中"，既要符合学生的认知规律，又要适合学习内容的特点。只有适合学生和学习内容的方法才是最好的方法。学习兴趣的激发要在情感上与学生形成共鸣。情感的共鸣必须在师生情感充分流露的情况下才会产生，因此教师与学生之间少不了互动。

在师生互动中，学生的主动性首先体现在问题目标的设定上，这有助于学生更加主动地去探索和确定目标。制定问题的目标时，既要避免问题过于庞大，也要避免问题过于简化。回答过大的问题，学生可能会觉得困难；而回答过小或太简单的问题，则无法有效激发学生的思考能力。首先，教师在设定教学目标时，应紧密围绕教学目的，将教学目标细化为具体的学生学习目标，并确保这些目标与学生的学习内容相一致。其次，教师需要明确学习的方向，并妥善处理学生的学习途径和策略，这是确保学生能够自主学习的关键。最后，问题的设计需要具有一定程度的开放性，以便激发学生的主动思考。强调学生的独立学习是为了更好地培育他们的思考技巧。

在师生互动中，学生的主动性也体现在他们在学习旅程中的沟通交流上。教师需要积极参与学生的学习过程，并为他们提供有效的学习指导。当教师参与学生的学习过程时,不要直接告诉学生答案,而是要采用启示和点拨的方法,帮助学生寻找问题的解决策略和路径,让他们按照教师给出的方向自行寻找答案。这样的启示和指导可以通过教师和学生的深入讨论来实现。

教师与学生之间的互动和学生的主动性,都在学生的语言技能培训中得到了体现。语言能力指的是学生在理解和表达语言方面的能力。语言表达能力也被称为言语能力,与语文能力有所不同。语文能力涵盖了听、说、读、写这四个基础技能,其中听、读能力代表理解能力,而说、写能力则是表达或口头表达的能力。在语文教学过程中,口头表达能力通常是通过口头交流来培养的,而书面表达能力大多是通过写作教学来达成的。然而,不管是在口头交流还是写作教育中,学生的主动参与始终是核心活动。比如,在口语交际中,教师的主要任务就是激发学生想说、愿说、敢说的兴趣和勇气,并设置好情境、找准话题,让学生有话可说。教师在学生说的过程中指导学生尽可能地说得生动、具体、准确、完整。在作文教学中,教师要指导学生运用所学的表达方法,将所见、所闻、所思用恰当的语言以文字的形式表达出来。这两个过程都是以学生的自主活动为主的。只有让学生充分地自主活动——说、写训练得到实实在在地落实,学生的说、写能力才会在训练中得到发展。

在师生互动中,学生的主动性还体现在教师对学生学习成果的总结和提升上。在主动学习的过程中,学生所取得的学习成果可能并不是十分全面,他们的情感体验也可能过于极端。因此,教师在学生分享学习成果后,应根据这些成果对其进行综合总结,并对那些学习成果存在较大分歧的学生提供统一的观点,同时深入挖掘文本的核心思想。

第五节 初中语文高效课堂的影响因素

一、教师的教和学生的学

高效课堂的实现关键在于教师。总体来说,教师以学习为中心,能创造性地使用教材与其他教学资源，而不受课本和教参所奴役；以学生为中心，能一切从学生出发，突出学生的主体地位，而不是旁若无人地自弹自唱；以尊重为基础，能当好"学习共同体"内"平等中的首席"，而不是高高在上主宰一切；以问题为纽带，能组织自主性、探索性、合作性的学习活动，而不是仅会传输表演；以需要为准则，能重视并灵活地运用好一切生成性教学资源，而不是机械地程序性运作；以发展为主旨，能实施多维度、多元化、激励性的教学评价，而不是用批评和埋怨制造压抑。

　　作为一名致力于研究的教师，应持续探索教学方法和学习策略，遵循教与学的原则进行授课，这样课堂效果才能得到提升，学生才能从中受益。

　　对于学生而言，他们只能通过知识来传递知识，用智慧激发智慧，并通过能力来培养各种能力。学生有能力通过自主和合作的学习方式，高质量完成教学目标所规定的各项学习任务，并确保基础知识的牢固掌握。学生在情感、态度和价值观等多个方面都展现出了良好的成长，他们在愉快的氛围中学习，在团队合作中不断进步，并在快乐中不断成熟。在自主与合作的学习旅程中，学生可以培养出特定的技能和策略，从而形成优秀的学习态度和习惯。

　　《义务教育语文课程标准》《课标》强调学生的主动参与，教师需要善于激发学生的求知欲，培养学生的学习兴趣，使学生的思维和行为都保持积极的状态，这样才能使学生掌握运用语文的能力，这才是以学生为中心的课堂。在教室里，让每一个学生都积极参与是一项颇为困难的任务。教师需要更新自己的思维方式，转变自己的提问技巧和教学策略，确保学生真正地成为课堂上的主导者。如果语文教学能够强调学生的主体性，那么就有可能有效地激发所有学生的学习热情，同时也能培养他们的创造力和语言应用能力。

（一）提高教师的知识加工能力

　　教师要对知识（教学内容）进行理解、组织和变换。教师不仅要深刻理解教学内容，还必须有组织知识的能力，即分析知识的要点、理清各要点间的逻辑联系，确定哪些知识是基本的、哪些知识是由基本知识推导出来的，从而把握知识的整体结构，能用概念图、知识树、关系表等方法加以描述。在呈现知识的过程中，教师要会采用语言、模型、图示、演示、录像、课件、学件类多媒体教学手段等多种方法，以适应不同知识内容的教学需要和不同水平、不同兴趣学生的学习需要，加深学生对知识的理解。

（二）提高教师的教学设计能力

教师要在对学生实际、课程标准、教学内容深刻理解的基础上设计总体教学进程，包括确立教学目标、确定达到目标的基本思路、教学内容以及评价教学效果的方法，设计具体的教学组织形式（小组合作、个别学习、班级授课、大组讨论、质疑解答等），设计师生沟通的方式（如呈现信息的形式、启发学生的策略、探测学生的内部经验结构的途径等），设计方案的实施过程；教师还要十分注意预测学生在课堂上可能出现的反应，并根据学生的实际反应随时调整教学方案。教学设计及其调整能力的高下，与教师对学生的了解、对教学效果的评价分析、对教学内容的分析加工、对各种教学策略的熟悉和掌握密切相关。

（三）提高教师的主题沟通能力

教师需要以教学主题为中心来阐述自己的观点，并对学生的思维进行深入的观察和理解。教师应当拥有出色的口头和书面表达技巧，以及利用其他手段传达教育信息的能力。只有当这种表达技巧与理解学生思维的能力相结合时，才能实现教师与学生之间的有效沟通和交流。教师需要紧密围绕教学目标和主题，通过学生的实际表达来更深入地了解他们的内心世界，包括学生为何会有这样的想法、他们的思考方式是什么、他们持有哪些潜在的观点、这些观点是否适当、存在的不足以及问题的核心所在。通过观察和分析学生的提问、作业、实验、讨论和问题解决等环节，教师可以推断出教学效果，并通过及时的沟通和引导来促进学生的全面发展。

（四）提高教师的教学组织能力

这涉及教师在组织课堂活动和维护教学秩序方面的专业能力。教师不仅需要有能力有效地组织学生参与多样化的教学活动，还需要在教学过程中妥善处理可能影响教学效果的各种行为，学生无法集中注意力、态度不恰当、缺乏效率意识、缺乏自主参与等。教师需要确立清晰的课堂行为准则，明确指出哪些是应当执行的、哪些是不应当执行的，并在整个教学活动中持之以恒。在教学过程中，教师应该善于整合和运用各种方法来解决出现的问题，关心学生之间的差异，并努力培养学生的敏捷、快速和准确的判断及反应能力，使他们在教育上更为机敏。这一教育模式的形成，既得益于教师深厚的知识储备、敏感的观察力、敏捷的思考方式和坚定的决心，也与教师积累的教育经验、个人魅力的塑造以及对学生的深入理解和深厚情感有关。

（五）提高教师的实践反思能力

教师在整个教学过程中要不断监察自己的各种教学实践活动，对它们的合理性（目的性和规律性的统一）和所产生的效果进行评价和反思，以调整教学设计、改进教学实践的能力。这既包括教学后记式的总结反思，又包括对教学中师生围绕教学主题所进行的沟通活动的评价，还包括对教学组织活动的评价；既包括对教学实际情况及效果的监察，又包括根据这些信息对自己的教学观念、教学策略和教学实践所做的进一步分析。这种及时的评价和深入的反思是教师改进自己的教学实践的重要途径，也是教师走向成功的必由之路。[①]

（六）提高学生学习的动力

兴趣不仅是最出色的教育者，也是激发学生学习热情的最真实的内在驱动力，对学习成果有着直接的影响。语文起源于我们的日常生活，而在我们的生活中，语文无处不在。但是，相当一部分学生对语文内容感到乏味、单调和复杂，完全没有兴趣。因此，深挖日常生活中的语文元素，强化目标导向的教育，使学生能够从他们熟知的环境中理解语文的深奥之处，进而激发他们对学习语文的强烈热情，这是一个有效的激发学生对语文学习热情的方法，也是精通语文的核心要素。

---

① 孙德玉. 探寻初中语文教学之路 [M]. 成都：电子科技大学出版社，2014.

(1) 对学生实施关于语文学习目标的教导。学生的自主学习动力来源于他们的学习目标。为了确保学生能够精通语文，有必要让他们清晰地认识到自己的学习目标和目的。在进行语文的教学时，教师需要结合日常生活的实际情况，确保学生深刻理解学习语文的关键性和不可避免性；让学生明白，掌握语文知识将对他们未来的职业生涯产生巨大的助益。只要学生能够清晰地理解学习语文的真正目标，并激发他们的学习压力与好奇心，那么语文学习的动力就会被激发。和谐的师生关系是激发语文学习热情的关键要素。处于初中阶段的学生，自尊逐步上升，热切地希望得到他人的尊重。只有当教师与学生之间建立起相互的尊重和信任，师生间才能形成深厚的友情，并进一步激发学生的学习热情。为了实现这一目标，教师首先需要对学生的家庭背景和心理状态有深入的了解和关心。只有这样，教师才能真正掌握学生的思维、情感和内心感受，才能更好地理解学生的需求，并促进师生之间的情感交流。教师不仅是学生的导师，也是他们的亲密朋友，是值得信赖的个体。

(2) 融入日常生活，使学生与语文学科有更深入的互动。现在语文教育已经不能仅仅依赖于模仿和记忆，学生更倾向于通过动手实践、自我探索和团队合作来进行学习。结合课堂内外的教学方法，将理论与实践相结合，可以更有效地提升学生的问题分析和解决能力。在解决实际问题的过程中，学生不仅能体验到成功的喜悦，还能增强他们对学习语文的社会责任感和学习的紧迫感，这不仅为学生语文学习注入了强大的动力，也确保了学生对语文学习的持续热情。

在进行语文教学时，仅仅从提升学生的语言表达技巧入手是不足够的。为了更好地连接语文知识，教师还需要更多地使用直观的教学材料。"直观"这一概念在某些情况下可以直观地解释问题，而在其他时候则有助于问题的解决，它能让学生留下难忘的记忆，并激发他们对学习的无尽热情。学生不仅是学习过程中的主导者，也是教学活动的活跃参与者，因此，课堂教学活动应当是教师和学生共同参与的。从数量角度看，教师应该减少讲解；从教学质量角度来看，教师需要进行深入的讲解；就内容而言，那些容易理解的部分需要简要介绍。在整个教学过程中，教师不仅需要系统地传授知识，还应确保为学生提供思考、表达和实践的机会，并鼓励他们积极参与实际操作。如果只依赖教师的指导而缺乏学生的实际操作，学生所获得的知识可能会显得较为浅薄。只有确保每位学生都能参与到实际操作中，并利用各种感官参与学习，才能确保所有学生都能获得深入的认知。因此，在教学过程中，教师不仅需要加强对直观素材的培训，还应提供更多的机会让学生亲自动手操作，这样可以激发学生的学习兴趣，使他们能够不断地获取知识。

缺乏兴趣的学习就像是一场劳累的工作，缺乏兴趣的地方往往缺乏智慧和创意。只有当学生深陷其中，其思考之门才会被打开，从而使自身的智慧和才能得到进一步的培养。因此，身为语文老师，首要任务是激发学生对语文的热情，让他们感受到情感的触动和爱的鼓励，鼓励他们以愉悦的态度学习语文，这样才能真正提升他们的语文技能。

（七）加强培养学生的自我管理能力

陶行知先生曾说过："与其把学生当天津鸭儿填入一些零碎知识，不如给他们几把钥匙，使他们可以自动地去开发文化的金库和宇宙之宝藏。"与其越俎代庖、事必躬亲，不如交给学生几把"金钥匙"，以培养他们自我管理的能力。

二、教学进程

教学进程主要注重如何抓住重点，怎样突破难点，找到知识联结点，准确定位知识目标以及使用科学的学习方法。

教学过程不同于一般的认识过程。一般的认识过程中，人是主体，客观世界是客体，主客关系比较简单。而教学过程则包含着三个基本因素，即教师、教材、学生，这就使得教学过程中的主客关系复杂得多。从教师角度来讲，教师是主体，学生是客体，教材也是客体。教师要教好课，就必须设法解决教师与学生、教师与教材的矛盾，这就是教师主导论。从学生角度来讲，学生是认识主体，教学过程是学生的认识过程，学生作为主体作用于教材、教师这两个客体，学生不仅研究学习教材，也在研究学习教师，这就是学生主体说。也可以这样说，将教师和学生作为一个复合体，那么教材就是客体。

因为教学过程存在着复杂的主客关系，因此应从不同角度去分析整个教学过程，全面把握教学过程的实质。教师主导论主要从教师的主体角度片面认识教学过程的实质，忽视了学生在教学过程中的主体地位；学生主体说主要从学生的主体角度片面认识教学过程的实质，忽视了教师在教学过程中的主导作用。二者都具有片面性，都没有完全把握教学过程的实质和规律。在教学过程中，应既重视发挥教师的主导作用，也要注重学生的主体地位，注意调动学生的积极性、主动性。

教学过程是教师的教和学生的学相互作用的活动过程。所谓教学过程最优化，简单地说，教师在课堂教学中，学生在轻松、愉快环境里，通过教师的积极引导，充分发挥自身的主观能动性，迅速掌握重点、攻破难点，达到知、情、意、行的统一，实现身心的全面发展。教学最优化原理只是给人指明一般的实施程序和近乎算法的措施（具体办法），但是在这个教学过程中无论如何也不能低估发挥教师创造性才能的作用。

教学过程最优化的理念强调从效果、质量以及时间和精力这两个维度来评估教学过程。这种理念的核心价值在于它经常鼓励学校在教学、教育和组织管理等多个领域，都要基于实际情况持续优化工作流程。这不仅是为了追求更高的质量和效果，也是为了在时间和精力的分配上进行合理的控制，不能对学生和教师设置过高或不实际的期望。遵循教学过程最优化的原则不仅有助于减轻学生的学习压力，还能确保学生在个体层面上得到全面的发展。

良好的课堂氛围的创设通常取决于一堂课的起始和导入环节。大教育家夸美纽斯说：“兴趣是创造一个欢乐和光明的教学途径之一。”一堂课的开始，教师如能精心设计一段导言，就犹如磁石吸铁，能紧紧吸引学生的注意力，激发学生的兴趣，把学生带入思维的知识之门，从而为新课内容的顺利教学做好铺垫。课堂教学中，除了利用新旧知识之间的联系、复习提问这一传统方法外，更需教师创造性地利用其他多种形式来导入新课，以渲染课堂的气氛，激起学生学习兴趣，增加课堂教学活力。

　　为了激发课堂教学的活跃性、提升教学效果并优化教学流程，教师应该采用各种不同的策略和方法。想要提升课堂教学的效果和优化教学流程，关键在于根据教学内容的多样性、学生的实际需求和个人特长，科学地选择和应用能够激发课堂教学活力的教学方法，并在教学实践中持续进行探索和创新。

三、课堂教学环境

　　正如生活环境影响人们的生存状况一样，教育环境对教育活动的影响也是如此。一个学科的教学必须在特定的教学环境中进行，语文也不例外。语文作为基础教育中的主要学科，有着自己的学科教学特点和课堂教学环境。

　　长期以来，传统的课堂教学处于一种误区中：重教师教授，轻能力与创造性的培养。教师通常在不自觉中取代了学生的主体位置，学生等同于听讲、抄写、记忆，教师等同于讲解、灌注、考试、评分。课堂上学生少有机会发表自己的见解，处于被动学习的境地。即使基础知识和基础技能较好、学习态度认真的同学，也存在运用能力不强、创造精神不强、自信心不足等问题。再加上课业负担重，导致学生的学习积极性不高。这种状况下何谈素质教育、主题教育呢？实践证明，通过优化课堂教学环境是可以达到素质教育、主题教育目的的。教师应当彻底摆脱以教师为中心、片面传输的教学模式，尊重并确立学生的主体地位，在课堂教学中以学生为中心，激发学生的学习兴趣；而教师要有意识设计情境，给学生提供更多的思索、发现、创造的机会，真正参与学习过程，体现学生的主体性与创造性。语文课的实践性强，学生在课堂中的主体性与创造性就更加突出。

　　新课程的基本价值取向是"为了每一个学生的发展"，要实现这一新课程理念就必须以课堂教学为主渠道。课堂教学效率的高低取决于教师、学生和课堂教学环境三大要素的相互协调，而课堂教学环境又可以反映出一个教师的教育观念与教学模式。《课标》理念下的课堂教学环境的主要特征有以下几点：

（一）民主性与平等性

要落实"以学生发展为本"这一重要理念就必须创设一个相互信任、相互尊重、和谐民主的课堂教学环境，即尊重学生的个性与精神世界，使每个学生都有一种心理上的安全感，让学生能够自由、自主地思考，无顾忌地发表见解，不唯书、不唯师、不唯上，充分展示自己的认识活动。在充满民主气氛的心理环境中，真正体现陶行知所希望达到的境界——"只有民主才能解放最大多数人的创造力，而且使最大多数人之创造力发挥到最高峰"，让课堂真正成为学生身心成长的场所。

（二）开放性与自主性

课程标准的相关要求指出，努力建设开放而有活力的语文课程。开放既包含教学形式的开放、教学时间和空间的开放，也包括教学内容、教学方式及教学途径的开放。开放的教学要利用一切可利用的教育资源，实现多样性的教学，让学生拥有更高的自由度。开放性的教学环境有助于开展批判性研究，鼓励好奇心与冒险精神，倡导发现和探索，为一切超越常规的标新立异、奇思妙想甚至是"荒诞离奇"提供生长的土壤。

《课标》中还提出："学生是学习和发展的主体"，应"注重培养学生自主学习的意识和习惯，为学生创设良好的自主学习情境"。因此，教师应建立一种自主性的课堂教学环境，给学生自主阅读、自主体验、自己思考、自己研究的时间和空间。自主性的课堂教学环境有利于发挥学生的主动性和积极性，有利于学生建构知识、激发思维、锻炼能力。

（三）合作性与互动性

《课标》中提出"倡导自主、合作、探究的学习方式""学会合作"，这就表明在教学中教师要建立一种合作性的课堂教学环境。在合作性的教学环境中，学生能对自己产生积极的情感，提高自尊心，学会从他人角度看待问题，形成积极的学习态度和价值观，有利于培养交际能力，全面提高人文修养和语文素质。在语文教学中，教师应创设一种生生互动、师生互动的课堂教学环境，在互动的教学环境中，个体会提出不同的见解和看法，刺激个体间的反省思考，从而完成知识的建构。

（四）激励性与多元性

激励是一种带有积极情绪色彩的正强化。激励的氛围鼓励标新，倡导立异，强化破旧，推崇布新。如果时时、处处都能受到激励和赞赏，学生就会经常体验到轻松感、快乐感和成功感，从而增强自主性和自信心，不断获得创新的巨大动力。

突出语文课程评价的整体性和综合性，要从知识与能力、过程与方法、情感态度与价值观几方面进行评价，以全面考查学生的语文素养。多元性评价的课堂，有利于学生个性的张扬，有利于学生的全面发展，有利于学生人文精神的塑造，有利于学生语文素养的真正提高。

四、教学评价

评价是整个教育教学工作中一个非常重要的环节，必须不断完善和改进教学评价。课堂教学中，必须注意评价的科学性、准确性，评价内容的丰富性，评价方式的多样性，通过评价给学生以方法指导、思维启迪和行为的引领。课堂教学评价应遵循的原则有以下几点：

（一）导向性原则

课堂教学评价指标是评价一堂课的重要依据。因而，评价指标中评价项目、评价指标及权数的确定，要充分体现学科的特点和教学要求，使教师明确努力方向，达到提高教学质量、推动课堂教学改革的目的。

（二）科学性原则

评价指标的确定应是科学的、合理的，它必须符合语文学科教学的规律，反映课程标准的总目标，体现教学改革的方向和要求。采用定量与定性相结合的检测方法，力求客观、全面、准确地评价课堂教学。

（三）整体性原则

课堂教学是由多种因素构成的，这些因素依据一定的原则和规律有机地联系在一起。因此，确定课堂教学评价指标应从整体出发，权衡它们各自在整体中的地位和作用，并赋予恰当的权数。

（四）可行性原则

课堂教学评价指标的确定，既要符合教学目标的要求，又要适合语文教学的实际；条文要明确具体，使用方法尽量做到既科学又简便易行，便于教师理解和接受。

（五）发展性原则

课堂教学评价应以学生发展为本，创造有利于学生自主学习、独立思考、合作探究的课堂氛围服务。对学生学习状况、学习能力、学习成果的评价，应尽可能涵盖各类学生的不同状况，从而使评价成为激励和引导师生发展的手段，而不是去限制他们的发展。

（六）差异性原则

因为教师所在的学校教学设施与条件的不同，学生整体水平存在差异，以及教师采用的教学方式和学生的学习方式的不同，在评价教师课堂时，应该注重课堂教学的差异，对课堂教学合理地评价。

第三章 初中语文高效课堂教学的准备策略

教学策略，是教学设计的有机组成部分，是在特定教学情境中为实现教学目标和适应学生学习的需要而采取的教学行为方式或教学活动方式。教学准备策略，主要是指教师在课堂教学前所要处理的问题解决行为，即教师在制定教学方案（如教案）时所要做的工作。教师在组织开展教学这种有目的、有计划的活动之前，必须进行必要的准备工作，要在头脑中或书面上设计一个计划或者方案，且必须解决下列这些问题：教学目标的确定与叙写、教学材料的处理与准备、主要教学行为的选择、教学组织形式的编制以及教学方案的形成等。

第一节 教学准备策略的内容

教学准备策略的内容，因为不同的学科、不同的年级、不同的地域环境而有所不同，但是，从教学需要出发，有些方面是共同的，主要有如下几个方面：

一是了解学生的认知准备状态。通过了解学生，从多侧面了解接受课堂教学的学生对完成新学习任务所必需的知识、技能掌握的程度，对于所要学习内容的熟悉程度，对于学习内容的兴趣，对新的学习内容有些什么要求，为制定课堂教学策略和实施方案提供依据。

二是对教学内容进行深度探究。在授课前，教师有责任对即将教授的课程内容进行详尽的研究。除了对教材中规定的教学内容进行深入研究外，还需要探讨与之相关的教学参考资料和校本教学资料，并收集和了解适用于该教学内容的各类音像资料。在必要的情况下，还应考虑到学生手中有家长为他们购买的各种教辅材料。

三是确定教学目标。这里所说的教学目标，包括教师教的目标和学生学的目标。在制定该教学内容的教学目标之前，既要考虑到课程标准和教材的要求，又要注意到学生的具体实际，还要考虑到教师自身的特点。在具体的准备阶段，教师必须注意分析学生从起点状态过渡到终点状态应掌握的知识技能或应形成的态度与行为习惯，考虑用什么教学方式方法给学生呈现教材、采取什么样的途径为学生提供学习指导，考虑用什么方法或手段引起学生对教学内容的积极反应、通过什么形式和内容组织和引导学生进行训练和实践。这些问题考虑清楚了，后面的课堂教学活动的组织与实施，才能有的放矢。

四是课前教学活动的设计。在当前强调课内外结合、使教学内容生活化、让学生获得特殊的体验、培养学生的创造精神和能力等的背景下，在课堂教学的准备阶段，教师必须考虑课前活动的设计和组织、开展的策略，诸如课前预习、观察活动、生活体验、探究实验，等等。

五是关于教学计划的构建。这是课堂教学准备策略的关键部分，其他各种准备活动在某种程度上都是为了支持这一策略，并通过书面形式将这些准备策略进行整合和展示。在当前的准备阶段，教师需要在新的教育观念的引导下，进行全面的思考，对之前的各项准备活动和成果进行全面的评估。接着，需要根据教学设计的具体内容和形式要求，进行科学合理的规划和协调，以形成一个适用于课堂教学实践的全面实施方案。

作为一名教师，在制定教学策略时，应深入探讨和研究教师对教学内容和教育对象的情感态度，如如何强调教学的民主性、如何提高教学的吸引力、如何增强教师的教学自信以及如何用深厚的情感去影响学生，这些都将在教学过程中对学生的学习和培训产生积极的影响。

第二节 钻研教材与了解学生的策略

一、钻研教材的策略

教材,又被称为教本,是教学之本。它不仅受培养目标的制约,体现了先进的教育理念,贯彻了课程改革精神,同时还有其自身的逻辑体系。在制定准备策略的过程中首要的是钻研教材。

(一)钻研教材的内容

随着教育、科技、文化事业的快速发展,教材已经不是过去意义上的一本教科书了,还应该包括这些内容:(1)教材。即按照三级课程体系的要求,是由国家制定学科标准,提供编写教材的内容、目标、原则、要求,由省教育行政部门和教科研部门组织编写教材或者确定所选择使用的教材版本。(2)教学参考书。有的地方又称为"教师用书",涉及教学参考书和课程改革中出现并使用的国标本教材,同时还配合电化教学,每一册教参还提供了一到两张多媒体素材的光盘,供教师在备课时选用。(3)音像资料。包括与教学内容相关的录像、影片、投影片、录音带,还有一些专门为教材教学研制的特殊资料。像与苏教版教材配套的《口语交际百题》系列碟片等。(4)教具和学具。由出版教材的出版社、编写教材的省教研室、负责配备教学器材的教研部门或单位制作的,供教师教学或学生学习、实践的器材。(5)实物标本。实物是与教学内容相关的,与学生生活相联系的实实在在的物体。标本有的是教师专门准备的,有的是学校实验室存放的,有时还可以在课前由教师或有意识地组织人员专门选择材料特地制作的。(6)课程标准和教学计划。学科课程标准由教育部组织制定,其作为国家课程的载体,是教师所使用的教材的总纲和灵魂。教师在备课时应该始终注意到《课标》所提出的原则和要求,在此框架下阅读和理解教材内容。教学计划包括小学六年、初中三年、高中三年这三种分段的总体教学计划及学期、单元教学计划等。

（二）钻研教材的程序

钻研教材是备课的关键环节，是设计教学方案的重要依据，也是提高教学质量的基本保证。钻研教材一般是按照从全局到局部的顺序进行。

一是学习课程标准，通读所任教阶段全套教材。了解课程设置、学科教学的基本要求，有助于加深对学科在该教育阶段的地位和作用的认识，正确理解学科的性质和教学任务。通读整套教材可以了解学科教材的全局，明确整套教材的思想内容、知识范围、基本功训练要求、编排特点以及各年级教学内容之间的联系。如果有条件的，应该阅读某一教育阶段和向前的该学科的全部教材，因为作为某一教育阶段的某一门学科的教师，要使得自己的教学更具有针对性，自然要知道自己的教育对象已经学习过哪些知识、掌握了哪些技能，然后才能以此为基础制定切合学生实际的教学策略。

二是研读全册教材。关于某一册教材的编写意图、特点和要求，在一般情况下，编者会通过教学参考书或其他方式进行介绍。教师可以用它作为进一步钻研本册教材的线索，来具体了解全册教材的教学要求、内容、结构，以便凭借教材，落实各项教学要求，全面完成教学任务。钻研全册教材应明确三个问题：一是深入研究教材的体例和内容的构成情况；二是研究该册教材的主要特点；三是了解各组教材的内容和主题。无论哪册教材都有自己的体例和特点，在接到教材后，教师应该先弄清楚全书的内容、体例、结构、特点，然后深入研究其中的具体板块内容和特点。

三是钻研一组（单元）教材。通过对一组（单元）教材的钻研，在全面了解该单元基本内容的基础上，准确地把握该组教材所要求完成的基本功训练项目，以及教材所设计的学科技能训练的步骤和方法。无论哪一个学科的教师，在教学的准备阶段，都应该以将要教学的这一组（单元）教学内容为单位综合研究教材，不可在对整组教材缺乏认识的情况下就孤立、割裂地研究一节课的教学内容。在着手研究单节课教学内容之前，要通过对一组（单元）教材的研究，了解该组（单元）基本功训练的重点、要求并在此基础上，进一步了解每节课和本组（单元）训练重点的关系，明确每节课的训练要求。只有认真钻研和深入了解了这一组（单元）相关项目之后，才能取得教学准备的主动权。

四是深入钻研每一节课的教学内容。第一节课的教学内容，既是一册教材和一组（单元）教学内容的组成部分，又是相对独立的教学整体。钻研一节课教学内容需关注教学的主要内容和特点；该节课教学内容的教学重点和教学难点；教学内容中包含了哪些基础知识，结合学生实际应当重点教哪些基础知识；结合本组（单元）的教学和训练重点，该节课应进行哪些学科基本技能训练；从课程改革和学生的发展需要出发，本节课可以组织开展哪些促进学生发展的活动。以上五个方面的内容互相联系，统一在这一特定的教学内容之中。

五是钻研一节课教学内容的基本方法：（1）通读全文，初步了解教学内容。在这个阅读过程中，要弄懂教学内容所蕴含的意思。（2）理清教学内容的结构，把握教材编者的思路。教材编者通过教学内容的描述和介绍，使一节课所涉及的知识点、技能训练点、思想情感感化点构成一个有机的整体。（3）研究本节课教学内容中有哪些是需要学生学习掌握的基础知识、基本技能。（4）有效地利用教学参考书和其他教学参考资料。教师在钻研每一节教学内容的时候，可以参考教学参考书和报刊上登载的教材分析的文章，调整、纠正自己在钻研该节课教学内容时的偏差，弥补自己对教学内容理解的不足，参考他人的研究教材和教学设计的成果。

二、了解学生的策略

制定或选择教学策略之前必须深入了解和研究学生在智力、能力、学习态度、班级学习氛围诸方面的状况。教育心理学家确认，学生的认知发展水平是学习准备的重要标志。学习的准备性原则是教学必须遵循的重要原则。可以将学生当前的学习准备状态称作准备状态，指的是学生在从事新的学习时，其原有的知识水平和原有的心理发展水平对新的学习的适合性。而学生学习的内在动机的准备状态，在很大程度上决定着教学是否有效。

（一）了解学生的内容

对于一门学科的教学。了解学生的内容主要有：（1）学生的思想、生活和学习情况。包括学生的思想状况，学校和家庭生活情况，对该门学科学习的方法、习惯、知识、水平等内容。（2）学生学习的态度和方法。主要是了解所任教班级的学生对于该门学科的学习态度，在该学科的学习和训练中掌握和运用的学习方法、技巧情况。（3）学生基础知识、基本技能掌握的情况。主要是了解学生对于学科学习的具体情况，要具体调查和研究他们的基本知识和基本技能的实际水平。（4）学生课外阅读和其他课外学习、实践活动的情况。关注学生离开课堂后对于学科阅读和实践性学习的情况，以适时地调整课堂教学。（5）学生智力发展情况。主要是综合调查和分析学生的智力发展水平，不仅要了解全班学生的整体水平，还要对不同层次的学生进行分析、研究。

对于一段具体内容的教学。这是针对某一具体的教学内容而言，可以是一组（单元）的板块教学内容，也可能是某一特定的一节课的具体教学内容。了解学生的内容主要有：（1）教学内容中有哪些是学生已经掌握的；（2）哪些内容和学生学过的知识有联系；（3）哪些和学生的生活实践、情感体验有联系；（4）哪些内容或知识是距离学生生活实际较远、学生难以理解的；（5）哪些内容是学生熟悉的，哪些是他们生疏的，哪些内容是学生容易弄懂的，哪些是他们难以理解的。

（二）了解学生的方式

因为学生的年龄、年级、性别、水平等情况的不一样，教师对他们的了解方式也会表现得各式各样。

通过座谈会了解。当一名教师到新的班级任教，可以通过召开学生座谈会的方式了解学生对于该门课程的学习情况。一是可以召开不同类型的座谈会，如由班级干部参加的、由不同水平层次的学生参加的、由特定类型的学生参加的，等等。二是同一类型座谈会应该通过随机的方式选取与会者，以体现其代表性。三是让参加座谈的学生敢于发言，把真实的想法表达出来。

通过多侧面访谈了解。访谈的对象根据了解学生的内容和要求的不同可以考虑各种不同的对象。一是可以与前任任课教师交流，了解该班级学生的整体学习状况，如学习习惯、学习方法、学习成绩方面的具体情况。二是可以与学校领导、年级领导交流，了解学校领导和年级领导对该班级学生的评价意见。三是可以通过与班级干部针对某一具体方面进行了解，摸清学生的学习、作业、训练、活动情况。四是可以了解一些特殊的学生，发现一些事先预料不到的情况或事先考虑不到的问题。

通过学生的课内外作业和试卷分析。通过课内作业可以了解学生本节课的教学效果；通过课外作业可以了解学生对于课堂学习内容的运用、拓展情况；通过试卷可以分析班级学生对于前段时间的教学内容的掌握情况，可以分析班级学生的学习水平的分层情况，可以综合分析他们掌握基础知识、基本技能的情况。

通过检查预习情况了解。可以在课前检测，了解学生已经读懂了什么，还有哪些疑难问题；还可以在课堂检测，了解学生对于课前所设计的内容的自学情况，了解他们对于本节学习的期待。

通过课堂教学中的活动了解。通过答问，可以了解学生听课的注意程度、反应能力、思维水平；通过练习，特别是通过学生在黑板上的演算和表述训练，可以了解学生对于刚刚教学的内容的理解和运用情况，以便及时调整教学和指导的策略。

通过课外活动和课外辅导了解。通过课外的各种活动，像学科的学习活动、社会实践活动、研究性学习等，可以了解学生的参与热情，自主、合作、探究学习方式的运用情况；通过课外辅导，可以了解被辅导学生的具体情况。

通过家长和社会成员了解。通过家长，一方面可以了解学生在家庭中的学习情况，另一方面可以了解家长对于该学科的教学意见和建议。通过社会成员，可以了解到一些来自社区、社会部门、各种社会成员对于学校教育、某门学科教学的反映和意见。

通过学生的日常生活了解。与学生的日常接触，了解学生的生活习惯、课余爱好、性格特长等情况。一是分析研究全班学生的各种情况，二是分析研究学生个人的种种表现。特别是要了解学生对即将学习的内容的现状、要求、期待，以便在备课中有的放矢，制订出切合实际的课堂教学计划，有效地提高教学质量。

第三节 教学目标制定与教学重难点设置的策略

一、教学目标制定的策略

教学目标和教学内容是构成教学活动的两个重要方面。在教学的准备阶段，制定教学目标是准备策略核心任务之一，是在为后面的教法选择和教学设计定向。

（一）教学目标的基本形式

普遍性目标。普遍性目标是以抽象的、普遍的形式来陈述的教学目标。基本特点：一是普遍性，它适用于各种各样的教学情境，而不只是适用于某种特定的教学情境；二是模糊性，它在表述上模糊，不明确、不具体。

行为目标。行为目标是以具体的、可操作的、可观测的行为的形式来陈述的教学目标，它指明教学活动后学生所发生的行为变化。主要特点：一是强调目标的具体性、可操作性、可观测性；二是强调统一性；三是具有预定性，教学活动就是在这种预定的目标指引下实施的。

形成性目标。形成性目标也被人称为"生成性目标""生长性目标，它是在教学情境中随着教学过程的展开而逐渐形成的教学目标。最根本的特征是过程性，即随着教学过程的展开而逐渐形成，而不是在教学过程之外或者在教学开始之前预先确定的。

表现性目标。表现性目标强调教学目标的独特性、首创性，关注学生表现行为的个人性、多元性，鼓励活动的个性特点。

（二）教学目标设计的注意点

1. 教学目标应形成一个完整的体系。每个学年、每个学期、每个单元乃至每一节课都应有明确的教学目标。这些目标之间有着层层包含的关系。

2. 教学目标的内容要明确、具体，有较强的可操作性。教学目标的制定应从学科特点出发，使用便于理解和操作的词语进行表述，不宜过于笼统。

3. 制定教学目标不能好高骛远。制定教学目标时必须结合教学内容和学生实际，切忌泛泛而谈或好高骛远。

4. 课时目标的制定要依托于单元目标。课时目标是以完成单元目标为任务的，需要课时目标的制定者在把握学科总体目标的基础上，深入了解学生，客观分析教材。

5. 教学中要注意灵活调整课时目标。即便所制定的课时目标已经尽可能地考虑了学生已有的知识、经验和课堂上可能会出现的情况，教师也必须在教学过程中根据教学实际，及时、灵活地调整课时目标。

（三）教学目标的具体表述

1. 简洁式三维目标设计

简洁式三维教学目标设计指的是简洁明了的三维教学目标的设计模式。以《从百草园到三味书屋》为例：

知识与技能目标：学生能够正确读写和理解文中的生字词，如"确凿""倜傥"等；准确概括文章写百草园和三味书屋生活的段落大意，把握文章主要内容。

过程与方法目标：通过朗读课文，体会作者对百草园和三味书屋生活的细致描写，学习作者抓住景物特点进行描写的方法；小组合作探究，分析文中对比手法的运用及其作用，提升合作交流与分析问题的能力。

情感态度与价值观目标：感受作者对童年生活的怀念，培养热爱生活、珍惜时光的情感。

2. 顺序式三维目标设计

顺序式教学目标设计是指三维教学目标的每一个维度都按照1、2、3……的顺序排列的设计样式。以《济南的冬天》为例：

知识与技能目标：（1）学生能准确认读和书写"髻""贮蓄"等本课生字词，理解其含义。（2）理清文章思路，概括济南冬天的总体特点以及各部分描写的具体内容。（3）积累文中描写济南冬天景色的优美语句，体会其语言特色。

过程与方法目标：（1）通过反复朗读，体会作者对济南冬天的独特感受，掌握朗读中重音、节奏等技巧。（2）分析文中运用的比喻、拟人等修辞手法，学习其对表现景物特点的作用，提升语言赏析能力。（3）学习作者通过细致观察选取典型景物表现地域特色的写作手法，并尝试运用到自己的写作中。

情感态度与价值观目标：（1）感受济南冬天的美好，培养对自然景观的欣赏能力和热爱之情。（2）体会作者对济南这座城市的深厚情感，激发对家乡的热爱与赞美。（3）培养积极乐观的生活态度，发现身边的美好，提升对生活的审美情趣。

将三个维度按照设计流程统一排序编排，通过阅读这类教学目标即可大致了解该节课各个环节的流程以及每个环节预期实现什么样的目标。此外，还有分解式三维目标设计、整合式三维目标设计、详述式三维目标设计等教学目标的表述形式。

二、教学重难点设置的策略

（一）教学重点

教学重点是教材中起关键作用、主要作用并具有现实意义的知识内容，或者说某知识点在某课、节、框中最基本、最重要的原理。教学重点在教材中是最基础和主要的内容。

如何确定教学重点。重点有教材重点和教学重点之分。教材重点与教学重点是两个内涵不完全相同的概念，它们之间既有联系，又有区别。教材重点是就教材的具体内容而言，由其在整册教材中所处的地位和所起的作用决定的，对学习其他内容能起到举足轻重作用的知识点。教材重点一般都是教学重点。教学重点则是指那些在课堂教学过程中需要教师着重讲解，要求学生听课时（学习时）特别加以关注的知识点。教学重点的确定除了要看其是否是教学重点外，还应视学生的学习基础和可接受程度的实际情况而决定。确定教学重点的方法：（1）抓住教材中的基本概念、基本理论和基本方法。（2）抓住教材的重点内容。（3）确定好每堂课的教学重点。这里的教学重点既包含教材重点，也包含教学重点，已经属于教学操作层面上的教学重点了。

如何突出教学重点。（1）把主要教学注意力聚焦在重点上。围绕重点提出问题，启发诱导、严密分析、充分论证，促使学生积极思考问题，引导学生寻求解决问题的方法和途径，并拟定各种相应的处理方案，经评价后遴选出最优突出重点的方案。（2）保证为重点教学内容分配足够的教学时间。在进行教学时间分配时，应该先考虑给予解决教学重点问题所需要的时间。要让学生在学习和研究教学重点时有充分的时间进行思考、讨论、提问、互动交流。（3）采用多种教学手段和教学模式配合。不仅要发挥专题讲座、演示、讨论、实验、参观、幻灯、电视、电影和作业等作用，还要精心准备实物、模型、教具和挂图等器材。（4）重点内容要明确地公布给学生。告诉学生本节课的教学内容中什么是教学重点，以提示学生高度关注这些教学内容。（5）设计与教学重点紧密结合的练习和实践任务。让学生通过练习和实践，达到巩固、加深、灵活运用的目的。教师在作业和测试中若发现学生有什么问题，要设法加以补救，对存在的共性问题要找出原因并认真讲评。若仅是个别问题，可通过辅导加以解决。

（二）教学难点

如何确定教学难点。确定教学难点的主要依据是对教学对象的充分了解与教学经验来判断。（1）比较抽象的知识点；（2）学生生活中接触得少的知识点；（3）容易混淆的知识点；（4）与旧知识缺乏联系的知识点；（5）教师在钻研教材时发现的难点；（6）学生预习中发现的难点。

如何突破教学难点。（1）运用各种教学手段创设突破难点的条件。可以通过实物、模型、图片、视频或多媒体课件等增加学生的感性知识，为突破难点创造条件。（2）用类比的方法引导学生触类旁通。针对难点的不同的个性特点，通过选取一些与之相对应的有效的教学方法来达到突破难点的目的。（3）用创设情境法突破教学难点。一个情境接着一个情境，步步深入，让学生进一步理解和运用测量物体高度的方法。（4）通过旁征博引的教学资源破解教学难点。（5）通过扮演角色体验知识的生成过程突破难点。

此外，还有许多的策略可以在突破难点中尝试：通过学习方法指导，让学生自己破解的路径；通过引导学生复习，让学生运用已经掌握的知识破解难点；通过联系生活实际，让学生在体验生活过程中解决难点。

第四节　教学方法选择的策略

教学方法是教师和学生为了实现共同的教学目标，完成共同的教学任务，在教学过程中运用的方式与手段的总称。这里讨论的教学方法选择是指课堂教学中所使用的具体方法，有讲授法、讲读法、谈话法、尝试法、发现法、赏析法、演示法、练习法、讨论法、实验法、情境法、表演法等。

一、选择教学方法的主要依据

课堂教学的具体目标和教学任务。不同的教学目标和教学对教学方法提出了不同的要求，像要求学习和运用某个方面的知识，就需要选择练习法、模仿法、实践法等以操作为主的教学方法。

教学内容的具体特点。如果是以理论讲授为中心的教学内容，就需要选择讲授法、谈话法、讨论法组织教学；如果是内容比较浅显的，则可以选择讨论法、练习法等方法，让学生通过自主、合作的方式开展学习活动，完成教学任务。

学生的身心发展状况。不同年级和层次的学生对教学方法的适应能力各不相同，例如：低年级的学生更倾向于使用表演法和演示法；在高年级的学生对谈话法和讨论法的适应能力可能更为出色；中学生在讲授法、实验法、情境法和辩证法方面的适应能力可能相对较强。

教师本身具备的素养。不同的教师由于自身的教学素养的侧重点不同，对于教学的选择往往有自己的需求。例如：绘画能力比较强的教师，则可能在教学中多选择一些图画演示、场面模拟、情境展示等方法；表演能力比较强的教师，则会在教学中多考虑选用表演法、欣赏法，引导学生通过表演和欣赏来实现教学目标。

教学时间和效率的要求。由于教学内容的信息量、教学内容难度情况等因素，使得课堂教学时间的分配、对课堂教学效率的要求发生相应的变化，而与之配套的教学方法选择则要适应于这种需求。例如：时间短、信息量大的时候，则可以选择讲授法；如果时间比较宽裕，则可以从从容容通过创设情境，引导学生深入体验。

教学方法本身具有独特性。不同的教学方法适应于不同学科的不同教学内容、不同年龄层次的学生，应该研究教学方法的特点和教学对象、内容的实际，选择其切合点。例如，实验法本身规定必须是能够开展实验的教学内容才能适用，如果教学内容不涉及实验，则不好选择这种教学方法。

多种教学方法的综合使用。在现实的课堂教学实践中，很少是一节课只使用某一种教学方法，或所选用的几种方法平均分配时间，或一种种轮着使用的，有许多教学方法都是结合在一起使用的。欧阳中石老师在中央电视台《艺术人生》中介绍了自己的一段教学经历，对于教师科学选择和合理使用教学方法是很有启发的：欧阳中石老师曾在中学教学《醉翁亭记》时，让一位女同学朗读课文，他在黑板上根据同学朗读的内容作画，课文读完了，完整的课文内容的粉笔画也完成了，其他学生看着教师的画可以把课文内容复述出来，本来规定两课时的教学任务，被欧阳中石很轻松地用一节课就完成了。

二、选择教学方法的基本原则

（一）科学性和思想性相统一的原则

科学性和思想性相统一的原则是指在教学过程中学生掌握科学知识的同时，对学生进行品德、辩证唯物主义思想和心理健康等方面的教育，这是中学各科教学中都必须坚持的第一条教学原则。

科学性是指教学内容必须是正确的、科学的，教学方法、教学组织形式也是科学的。思想性是指结合教学内容对学生进行思想教育。

在我国的学校教育中，教学的科学性与思想性是统一的。科学性是思想性的基础和前提，思想性又是科学性的灵魂，是提高科学性的保证。在中学语文教学中，科学性与思想性的统一表现为语文学科教育工具性与人文性的统一。语文课程的工具性着眼语文课程培养学生语文运用能力的实用功能，着眼课程的实践性特点；人文性着眼语文课程对学生思想感情熏陶感染的功能，着眼课程所具有的人文学科的特点。中学语文课程工具性与人文性的统一，反映了社会各界对语文教育的共同期望。

（二）理论联系实际的原则

理论联系实际的原则是指教学必须坚持理论与实践相结合，用理论分析实际，用实际验证理论，使学生从理论和实际的结合中理解和掌握知识，培养学生运用知识解决实际问题的能力。

教学中理论联系实际的原则是教学过程中学生活动特点的反映。中学生学习的对象，主要是书本知识，是间接经验，是前人长期实践经验的总结，是人类的已知真理。中学生在教师的指导下能迅速掌握课本中的基础理论，理解和接受前人的认识成果。这就要求教师联系学生的知识基础，结合实践活动，用丰富的实际事例去论证书本知识，引导学生理解书本知识，使学生从具体到抽象，领会理论知识，用于实践。

在中学语文教学中理论联系实际，首先要加强语文基础知识相互关系的教学的力度。其次要根据学科教育内容、任务及学生特点采取有效的方式联系实际，采用直观式的教学手段，如联系现实生活中的语文事例、语文现象，组织学生认识语文现象，练习语文技能，实践语文知识与能力。教学中理论联系实际的目的，主要是使学生更好地掌握这些基础知识并形成基本能力。

（三）传授知识与发展能力相统一的原则

传授知识与发展能力相统一的原则是指在教学过程中要传授系统的知识，同时培养学生多方面的能力，使学生知识与能力的发展相得益彰，共同提高。

这一原则反应的是知识与能力的高度联系性。在教学过程中，学生掌握知识和发展能力是密切联系、相互促进的。一方面，掌握知识是发展能力的基础；另一方面，能力发展是掌握知识的必要条件，能力发展水平制约着学生掌握知识的速度和质量。掌握知识与发展能力二者互为重要条件，必须同时并进，不可轻此重彼。

在中学语文教学中，语文能力的形成和发展必须以一定的语文知识做基础。在语文教学中，教师必须统筹安排语文知识教育和语文能力教育，使知识迁移成技能。

（四）教师主导作用与学生主体性相结合的原则

教师主导和学生主体性相结合的原则是指在教学过程中，教师既要充分发挥主导作用，同时又要善于调动学生学习的积极性、主动性和创造性，让教学过程成为师生双方密切配合、协调共进的过程。

教师主导和学生主体性相结合的原则，是师生各自的地位和特点决定的，是教与学相互影响的反映。教师的主导作用是指教师在教学过程中处于领导者、组织者和教育者的地位，把握教学方向和教学目标，控制教学进程和指导学生学习。

中学生的主体性主要表现为学习动机、学习兴趣、学习态度和已有知识经验的质量。学生在教师的引导下主动地学习，积极地感知、思维和活动，自觉地理解、消化知识。教学是教师的教和学生的学的双边活动。教是为学而存在的，教师要使自己教的东西转化为学生的东西，必须善于启发诱导，把学生学习的主动性调动起来。学生的学，是在教师的领导下进行的。教师的主导作用是以"学"为落脚点，学是学生自主的活动，教师无法包办代替。[①]

在中学语文教学中，教师的主导作用与学生的主体地位是统一的。语文课程标准明确提出教师是学习活动的组织者和引导者，学生是学习和发展的主体，是语文学习的主人。语文课程标准积极倡导自主、合作、探究的学习方式，促进学生在教师的指导下主动地学习，满足不同学生的学习需要，构建开放而有活力的语文课堂。

（五）统一要求与因材施教相结合的原则

统一要求和因材施教相结合的原则是指教学要面向全体学生，坚持培养的质量规格，保证课程标准要求的实现，又要根据学生的实际情况，有的放矢地进行个别教学，使每个学生的个性智能得到充分发展。

统一要求和因材施教相结合的原则是教学要适应中学生身心发展规律的反映。学生的身心发展在一定年龄阶段具有稳定性和普遍性，这是统一要求的基础。但是，中学生的身心发展具有差异性，所以要求教学应因材施教。教学原则也要充分考虑处于一定发展阶段的中学生身心特点的规律，既要充分发挥班级授课制的优点，同时又以个别施教作为集体教学的必要和必然的补充，把集体教学与个别教学结合起来。

---

① 何美霖. 初中语文教学中实现新课改目标的策略解读[J]. 读写算，2020(25)：2-4.

三、选择教学方法要注意的问题

一是注意学生的个别差异,突出教学的适应性。教学方法的选择要充分考虑学生间的认知差异,尽最大可能地因材施教。例如:学生学业程度高,可以适当增加自主学习的比例,减少简易的直观的手段;如果学生学业程度较低,则可以较多地使用谈话法、表演法、尝试法、练习法。

二是与课堂教学活动的组织开展相配合,突出教学的整体性。教学方法的选择要考虑与课堂教学活动的组织开展结合在一起。如选择实验教学法,就必须考虑到教师的示范活动、学生动手操作活动、实验后的探究活动、全班讨论活动等因素,结合选择使用讲授法、谈话法、归纳法。

三是强调学生非智力因素的培养,突出教学的情意性。通过相应的教学方法的选择和运用,引起学生的学习兴趣,激发学生的学习动机,培养学生学习的积极情感,增强学生学习的自信心。

四是强调教法与学法的统一,突出教学的双边性。现代教学方法都要充分体现出在教师指导下,学生独立获取知识的特点,既有对教法的要求,也有对学法的要求。教师在选择和运用教学方法时要力求二者相结合,努力使学生学会学习,提高学习能力。

第五节　教学设计的优化策略

一、课堂教学设计优化的路径

教学设计要着眼学生的发展。(1)着眼全体学生的发展,教师应该平等地对待所有的学生,无论他们的年龄、性别、文化背景、家庭出身如何,不管他们生在农村还是城市、是否有残疾,教师都应赋予他们同等的学习机会。(2)着眼学生的全面发展,新课程背景下的教学设计除了要继续重视学生知识、技能的掌握外,还要关注学生学习的过程和方法。要充分挖掘"情感、态度和价值观"等方面的素材，通过教学过程的实施，使学生在有效获得基础知识和基本技能的同时，获得能力的提升和积极的情绪、情感体验。（3）着眼学生的个性发展，正视学生的个性差异，把它当作一种资源去开发和利用，充分发挥每个学生的潜能。（4）着眼学生的可持续发展，教学设计着眼学生的可持续发展，就是要在重视学生学习基本知识和基本技能的同时，重视培养学生积极主动的学习态度、科学的学习方式，让学生学会学习，学会做人，学会生活。

教学设计应面向学生的实际。（1）研究学生的现实发展情况。教师在教学设计时必须重视对学生现实发展的研究。（2）研究学生的现实学习情况。教师在教学设计时必须考虑学生是否已经具备了进行新的学习所必需掌握的知识和技能，学生是否已经掌握了教学目标中要求学会的知识与技能，没有掌握的是哪些部分？哪些知识学生自己能够学会？哪些需要进行点拨与引导？（3）关注学生的学习需要。学生在学习过程中会产生各种心理需要，如认知的需要、情感的需要、交流的需要、创造的需要等。（4）关注学生的社会生活实际。教师在教学设计时必须考虑学生有没有对教学内容的生活体验。通过教学内容在日常生活的用途，或教学内容用在日常生活的什么地方、什么时间，用于解决什么问题，使教学内容的学习与学生的现实生活和已有经验密切联系起来，深刻地理解所学内容的生活意义和社会意义。

教学设计应关注学生的学习。首先，教学设计应关注学生学习积极性的调动，通过激发学生的学习动机，培养学生的学习兴趣与调动学生学习的积极性，处理好教学的关系，充分发挥学生在学习中的主体地位。其次，教学设计要重视教学环境的设计，通过教学环境的设计引发学生的学习动机，激发学生的学习潜能，促使学生逐渐养成自主学习习惯，形成一个和谐、默契交互式的教学环境。再次，教学设计要关注学生学习方式的转变，引导学生习得自主、探究、合作的学习方式，教师也就要相应地对教材呈现方式、教学方式进行改革。学生能够通过自主学习或者合作学习获得的知识，教师绝不包办代替、越俎代庖，以自己教的过程代替学生学的过程；学生自己深入学习有困难的内容，教师可以创设情境，让学生通过小组讨论，用集体的智慧攻克难关；对于更难的内容，教师可以与学生共同学习。

二、课堂教学设计的策略

关于教学流程的策划。教师在进行课堂教学时，必须综合考虑揭示教学内容、组织新的教学活动、深入讨论理解、巩固和应用该节课的知识、扩展和延伸，以及布置课内外作业等各个环节的设计。在教学的每一个环节中，都应确保反应出预定的教学目标并采用适当的教学策略。

教学内容的设计。无论哪一节课都会有许多需要教学的知识点，如果采取面面俱到、平均用力的教学策略，不仅不能分清知识的主次，体现不出教学的重点和难点，而且还会使得课堂教学因为没有重点、没有高潮而变得没有特点，索然无味。哪些内容需要详细讲授、哪些内容只需要简略介绍、哪些内容需要深入研讨、哪些内容需要组织熟练、哪些内容可以组织表演、哪些内容可以设计成教学高潮、哪些内容应该重点强调、哪些内容可以写成板书……教师都应统筹考虑，精心设计。教学重点内容要花足够的时间详细讲解，容易理解的非重点内容则可以减少讲解的时间。

教学活动的设计。课堂教学活动设计是教师在上课之前对课堂教学活动的一种预设。教学活动具有复杂性和多变性，需要在分析教材、深入理解教材、全面了解学生实际的基础上进行设计。（1）以教学目标为指导开展教学活动的设计。通过活动设计与开展使教学系统内诸要素之间彼此联系、相互作用与协调运行。（2）依据不同学生和不同的教学内容的实际进行设计。在了解学生的心理特征和学习能力的基础上开展课堂教学活动设计。（3）根据学生建构知识过程的需要进行设计。从新课程教学改革的实际出发，为了学生的发展、为了学生终身学习的需要进行教学活动的设计。此外，还要注意课堂教学知识的传授方式设计、思维训练方式方法的设计、相关技能技巧教学和训练的设计、思想道德和情感教育的方法设计等。

第四章 初中语文课程单元整合教学的策略研究

第一节 初中语文单元整合教学理论概述

一、核心概念界定

(一) 单元

《现代汉语词典》中将"单元"解释为：整体中自成段落、系统，自为一组的单位。[①]《辞海》把教材课文当中的小分段作为单元式分段。[②] 单元概念在教育领域的首次提出者是著名教育家赫尔巴特，他将单元简化为教学单元。

一些研究人员持有这样的观点：单元构成了单元整合教学的基础，它是将具有相似特性或相同属性的教学内容整合在一起的教学单元。这些单元内部的内容是相互联系的有机整体，而单元之间也是相互促进的独立结构。单元整合教学的核心单位是单元，它依据知识的内在结构来确保教材的连贯性，同时也考虑到单元间的内在联系，让学生能够按照不同的学习阶段逐步掌握知识。从教学内容的角度看，语文教材中一个相对独立的部分是单元，需要根据知识之间的内在联系来组织相关内容。以沙塔洛夫为首的苏联教育者将已有的教材内容进行整合和重构，

[①] 中国社会科学院语言研究所词典编辑室. 现代汉语词典：第7版 [M]. 北京：商务印书馆，2016：255.

[②] 夏征农，陈至立. 辞海 [M]. 上海：上海辞书出版社，2009.

把教育教学内容分割为若干个教学单元,对单元内部的内容进行了系统的划分和编排,并以教学目标为依托,基于对学生职业技能的需求组织成独立的教学单元进行教学。他们强调教学的安排和调整要依托教材进行,强调教材内容之间的内部联系,同时在原有内容之上进行相应的拓展和提升。

综上所述,可以认为"单元"就是教材单元,主要指的是语文教科书中编制的教学单元。单元被定义为教材自身已确定好的结构单元。

(二) 单元整合教学

关于"整合"一词的概念,《现代汉语词典》中给出了这样的解释:通过整顿、协调重新组合。① 整合的精髓在于本来单独的无意义的个体转变成一个具有价值的整体。

单元整合的指导来自教学的整体性观点。单元整合教学是根据单元的教学目标,处理好人文价值和语文要素之间、不同课程之间、点和面之间的关系,进而顾全大局。单元整合教学将听、说、读、写分类组合,将碎片化的知识点连接成一个整体,构建良性的学习内容,提升学生的学习效果。

在此基础上,可以将单元整合教学的理念定义为从整体和系统的角度出发,根据学生的认知逻辑和能力发展规律,围绕教学目标来整合教材内容,并进行大规模的任务整合,以促进学生在学科核心素养方面的全面发展和提升。

(三) 语文单元整合教学

语文单元整合教学是教师根据学生的认知习惯,按照有关法律,逐步实现系统化、科学化的整体设计,以语文教材中的单元为整体展开的教学模式。因此,语文单元整合教学的概念定义为:整体把握教材内容,掌握学生原有的知识基础,通过设置单元教学目标,对单元内容进

---

① 中国社会科学院语言研究所词典编辑室. 现代汉语词典:第 7 版 [M]. 北京:商务印书馆,2016:1669.

行有机整合，以建立科学的语文课程教学理念为前提，重新调整单元内容，教师在教学过程中有层次地推动学生从易到难学习语文知识的教学活动。单元整合教学所包含的内容较多，以整合单元教学目标、单元教学内容、单元教学过程、单元教学评价等为主要内容，在本研究中进行了深入的研究。单元整合教学是为了弥补传统课堂的缺陷，要求教师运用系统理论的观点和方法进行课堂教学，与通过突出主题的单元教学和利用其教学内容的相似性进行教学的整体教学不同，单元整合教学有效地增强了语文课堂教学整体的有效性和系统性。实行单元整合教学，需要教师根据语文教材所包含的单元内容，对一个单元进行整合或跨单元整合，以"核心问题"为基础，推动语文教学的变革。为提高学生语文素养，增强语文学习意识，使语文学习更好地渗透到学生的日常生活中，教师应高度重视语文课程教学资源的有效开发和综合利用。

二、初中语文单元整合教学的理论依据

（一）教学过程最优化理论

苏联教育家巴班斯基从系统的角度提出教学过程最优化理论，最优化的教学方式体系的形成代表着可以实现最优化的教学过程，即教学过程中所有目的、内容、手段、任务、形式、评价等各个基本成分以最优化的方式进行有机整合。[1] 该理论为初中语文单元整合教学的研究提供了强有力的理论支撑。教师在进行单元整合教学时，为了实现最优化教学，会根据教学需要，结合学情，对整个单元内容进行调整和重新编排，以培养学生的语文学科核心素养为目标，设计出一系列贴合学生实际的教学活动，同时学生也在单元整合教学的过程中获得最大化的收获。

---

[1] 洪明，余文森. 国外有效教学思想流派探析——基于国外著名教育家教学思想的探讨[J]. 福建师范大学学报，2012（6）：191.

（二）深度学习理论

迈克尔·富兰基于学生的学习提出了深度学习理论，从关注知识本身转变到关注以人为本的学习本身，引导学生依据学习的机制去解决现实情境中的实际问题，既体现出学习知识的过程，又体现出运用知识的过程。深度学习模式为学生的独立探索和思考提供了可能，为学生的语文素养的培养提供了机会。深度学习任务有效地连接了知识与实践，将所学习的知识有效地融合到实际当中，更能加深对知识的理解。深度学习理论不同于传统的学习模式，它是一种强调学生迁移能力和创造能力的新模式和新方法。此外，它与单元整合的教学方法在提升学生语言技能的过程中也起到了相互推动的作用。深度学习是一个持续的渗透过程，因此，通过单元整合教学来实现深度学习是非常重要的。采用单元整合式的教学方法，旨在培养学生解决问题的能力，使他们能够在实际环境中应用所学知识，并在解决问题的过程中利用所学内容生成新的知识，从而更好地进行深层次的学习。

（三）系统论

"系统"一词源自古希腊语，意为整体是由部分组成的。系统泛指由若干个元素以某种结构形式联结而成的有机整体。[①] 系统论认为："整个世界是由各种类型的系统和不同等级的系统构成的系统世界，在系统物质中存在着无限多的层次。"[②] 贝塔朗菲认为，每个系统都是一个有机的整体，它不是各部分机械的组合，也不是简单的相加，系统的整体功能是孤立状态下各部分所没有的。从系统论的角度，单元整合教学充分体现了整体效果大于部分之和。单元整合教学强调整体性，将一个单元看成一个整体，单元内的内容可以进行整合，例如，字词与阅读的整合，阅读与写作的整合，阅读与口语交际的整合，单元知识点的整合等，为了完成单元目标，整合课内外学习资源，构建一个系统、完整

---

① 王庆和，王庆安. 语文是一个系统 [J]. 语文教学与研究，2013（23）：121.
② 乌杰. 系统哲学基本原理 [M]. 北京：人民出版社，2014.

且符合学生学情的教学过程，让学生系统地去学习知识，避免单篇教学的重复和零碎。

三、初中语文单元整合教学的现实依据

（一）《义务教育语文课程标准》

《课标》明确要求教师应围绕听、说、读、写的有机联系，强化教学内容的整合，统筹安排教学活动，从整体上考虑知识与能力、过程与方法、情感态度与价值观的整合。①《课标》强调要重视学生的语文实践，如阅读、写作、口语交际、信息的收集和处理等，提倡多阅读、多写作，改变作业的机械粗暴和烦冗方式，从整体上促进学生语文素养的提升，使学生在学习语文知识的同时，也能锻炼语言运用能力。教师可以通过专题学习、综合实践活动等方式联结课堂内外，充分利用家庭和社会中的教育资源，进行听、说、读、写等方面的交流，既拓宽了学生的视野，又提升了学生的综合素质。

（二）学生学情

学习动机对学生学习具有重要影响，学生的语文学习效果会伴随着学生学习动机的下降而逐渐下降。兴趣与态度会对动力产生一定影响，一方面，学生对于语文学科的喜爱程度直接影响到他的学习动力；另一方面，语文学科包含了人文精神的内涵和语文知识的实用性，而且这两个大的主题还是相辅相成。语文课程不同于理科课程有其学科本身显著的特点，另外，初中语文教学内容不同于小学语文教学，无论是在知识深度还是在知识数量上都有了质的飞跃，对于学生来说，通过单元整合将语文教学内容进行有效整合，符合他们自身的发展需求，进行体系化、整体化的学习，可以帮助学生构成较好的认知结构和语文素养。

---

① 中华人民共和国教育部. 义务教育语文课程标准（2022年版）[S]. 北京：北京师范大学出版社，2022：3.

四、初中语文单元整合教学的特征

（一）整体性

在语文学科的教学中，教学单元通常可以被划分为自然单元和独立的结构单元。无论采用哪种教学形式，都需要教师具备全局的教学意识，并从一个宏观的角度对各个知识点进行深入思考，以寻找知识融合的关键点。在确定教学目标时，教师不应仅仅是简单地叠加目标的外在表现，而应基于语文的核心能力和其在教育文化中的价值来进行全面的思考。整体性是单元整合教学最内核的特性。第一，只有整体解读教材，不单独看待单个教学内容，才能更好地把握教学目标。第二，教师应该把学生的学习阶段变化和教学单元的匹配度进行目标化拆解，让每个学生学在其中。教师制定全面的教学步骤和方法，并对教材中的每一篇课文进行恰当的解释。只有在每个教学目标的小范围内完成，教师才能确保整体教学进度的高质量完成。第三，各个教学阶段的培养不仅是一个相对独立的教学活动，也与其他阶段的任务紧密相连。通过单元的整合，可以有效地连接各个教学阶段，并进一步引导学生全方位地理解和掌握在教学过程中所学习的知识，同时持续提升他们的能力。

（二）高效性

在语文单元的整合教学中，教师会将教学内容根据知识之间的内在联系进行高效整合，并依据知识的固有逻辑和内在联系来进行教学活动。对教师而言，他们能够将教学内容融合为一个完整的体系，从而避免了知识的碎片化和单一的重复教授；对学生而言，在单元整合模式下进行的语文学习能有效地帮助他们构建完整的单元知识体系，这不仅能帮助学生建立健全的认知结构，还能提升他们的学习迁移能力。因此，学生在学习过程中从一个被动的接受者转变为更加主动的参与者，不仅能激发他们的学习兴趣，还能提升他们对知识的理解能力，从而实现更高的学习效率。

(三) 科学性

　　语文单元的综合教学旨在满足学生的心理成长需求，在遵循课程标准的基础上，从教材开始，重视学生的各种认知技能的培养和提高，如感觉、知觉、记忆、思考、想象和语言能力。在深入了解学生的知识和技能水平后，教师根据课程和教材的标准制定了与学生成长相匹配的教学目标，并根据这些目标整合了教学内容。教师还根据学生的个体差异设计了分层的教学活动，确保每位学生在课堂上都能获得有价值的学习成果。语文单元的整合教学是基于学生的认知特性和心理成长阶段，它以《课标》为基础，并以单元知识的本质为核心，进行了教学整合，完全符合学生学习的自然规律。

第二节　初中语文单元整合教学的策略

一、明确主题与目标

　　在新的教材设计中，每个单元的开头都附有一个导语，该导语详细解释了该单元的人文主题和语文元素，其核心目标是强调语文教学应致力培养学生的语文知识和人文精神。在开始单元整合教学设计之前，教师必须仔细阅读单元导读内容，深入研究教材，仔细研究《标准》中的相关要求，并结合学生的接受能力，明确本单元的人文主题和教学目标。下面，就以部编版初中语文七年级上册第一单元为例，深入探讨该单元的教学焦点和目的。

(一) 解读教材导语，确定单元主题

　　单元导语所传递的信息不仅包括对整个单元阅读文本的主题总结，还涵盖了本单元阅读教学的基础要求。因此，深入研究单元导语，并有效地提炼出本单元的教学要求，是确定单元整合教学目标的关键步骤。

　　通过阅读本单元的导语可以了解到这一单元的内容是关于描写四季

美景的文章，要求学生：重视朗读，学习重音和停连的朗读技巧，学会用抑扬顿挫的方式朗读文章；仔细揣摩文章中精彩传神的语言，在具体的语境中体会比喻和拟人等修辞手法的表达效果，并且模仿和借鉴文章的语言表达进行创作。本单元编排了课文《春》《济南的冬天》《雨的四季》《古代诗歌四首》和写作"热爱生活，热爱写作"，写自己观察的熟悉的事物。统观几篇课文，朱自清的《春》，用生动形象的笔法，使用大量的比喻和拟人的修辞手法，从春风、春草、春花、春雨和春天里的人等多个角度，写出了春天的生机和希望，表达了朱自清对春天的喜爱之情；老舍的《济南的冬天》，将济南的景物拟人化，赞美了冬天温晴的济南；刘湛秋的《雨的四季》，描绘了一年四季中缤纷多彩的雨。四首古代诗歌，虽然所描绘的景色和抒发的情感各不相同，但都运用了融情于景、情景交融的抒情手法。这三篇文章和四首古诗词既描绘了不同季节的景色，运用情景交融的手法表达了作者的情感，又在语言上各有特色，很适合学生进行朗读和写作模仿。因此本单元的教学主题设定为"品景物之美，感四季之情"。

（二）多角度分析，确定单元教学目标

对单元整合教学而言，单元教学目标是单元整合教学的逻辑起点和实践基础。"目标才是单元整体教学的首要问题，这也是'整体'的内涵，'整体'是一种思维方式，意味着教师在教学活动中必须从教学目标出发，统揽全局"。[①] 教学目标蕴含着对教师、学生、教学内容、教学方法等其他教学要素的把握和体现，客观上引导着教师和学生的教学方向、教学过程，规定了教学的重点和难点，激励着教师和学生有序、高效地开展教学活动，为教学评估提供了基本的依据。因此，教学目标的设置是初中语文单元整合中的一个重点，只有确定好单元教学目标，在教学目标的引领下，才能更顺利地实施本单元的整合教学工作，课堂

---

① 刘徽．"大概念"视角下的单元整体教学构型兼论素养导向的课堂变革［J］．教育研究，2020（6）：65．

效率才能更好地提高。

1. 基于语文学科核心素养，立足全局设定目标

为了将单元教学目标从课程标准转变为教学目标，教师需要根据《标准》的要求来设计教学目标，并确保《课标》中的要求能够具体转化为实际可执行的单元教学目标，将学科的核心素养视为基础观念，并将其融入《课标》与各个学科课程标准相关的成果中。因此，在设计单元教学目标时，应以语文学科的核心能力为出发点。

通过分析部编版初中语文教材可知，每个单元的教学内容在主题、题材或者写法方面存在着一定的联系，因此制定合适的单元教学目标对开展本单元的教学十分重要。教师在制定单元整合教学目标时，一方面要基于《课标》，实现语文核心素养四个维度的统一，让学生在探究的过程中实现语文核心素养能力的提升。另一方面，要从全局出发设定单元教学目标，不能设置得过于简单，导致学生没有学够，也不能过分拔高，让学生对学习缺乏兴趣，特别是对基础较差的学生。因此，教师在制定单元教学目标时，应对教材进行整体解读，对学段目标、单元重点教学目标、各篇课文重点学习目标等，从整体上进行考虑。

本单元写作部分与阅读部分遥相呼应，意在字里行间引导学生关注自然、生命，抒写人生、记录感悟、体会人生。"语言的积累与建构"可通过三种途径来实现：一是品位语言，如《春》一文中的"花枝招展""欣欣然""朗润"等活泼、极富自然清新气息的语言，《济南的冬天》中的细腻生动的语言，《雨的四季》中诗一般的语言，《古代诗歌四首》中质朴苍劲的语句；二是通过朗读练习重音和停连；三是摘抄课文中运用各种修辞手法的语句，积累好词好句。"思维发展与提升"可结合文中具体描写的景物加以引导，如《春》中描写的春草、春花、春风、春雨；《济南的冬天》中描写的阳光、小雪；《雨的四季》中描写的春、夏、秋、冬的雨；《古代诗歌四首》所体现的不同季节寄托的情思展开教学；通过对景物的分析，体会作者的思想感情，对学生的形象思维、创造性思维、抽象思维等各方面的能力进行训练和提升。"审美鉴

赏与创造"可以通过对本单元课文中优美的语言感悟语言之美,结合描写的四季美景,体会自然之美。"文化传承与领悟"可重点结合"立志""怀乡""重友"这四首中国传统文化中的古诗来体会人文主义精神。

2. 深度挖掘教材,抓住重点设定目标

教材是依据知识结构体系,确定单元教学目标,实现从课程内容到教学内容的转换,是教与学的内容基础。从初中语文部编教材的编写思路和编写体系上看,开展单元教学目标设计具有天生的优越性。"双线组元"和"三位一体"体现了部编版初中语文教材的编写理念。双线组元,即"采用人文主题和语文元素组织单元的结构";三位一体,即"从教读,自读,再到课外阅读"。新教材的教学内容主要以阅读、写作、综合性学习、口语交际、名家导读为主,兼有助学系统、古诗文诵读等,具体表达了编写思路。初中语文部编教材编写思路与体系对整合思维进行了集中体现。单元作为基础教学单元,每一个单元都围绕一个人文主题编排教学内容,为克服碎片化教学提供了保障。教材的每个单元之间存在着内在的联系,具有鲜明的序列化特点。教师在备课时要对整个学段的教材和语文知识点融会贯通,在语文知识的建构中寻找规律。

初中语文教材中的每一学段、每一册、每一单元,甚至是每篇课文的目标都有其重点。单元整合目标的设定要充分体现各单元的侧重点,不仅要充分体现各单元的个性,而且要避免过度追求全面而导致没有发挥单元的独特价值。通过分析语文七年级上册义务教育教科书(2016年版),发现这一学期,每个单元都在开展与"阅读"有关的教学,但是各单元的侧重点不一样,例如:第一单元要求重视朗读,尤其注意把握好重音和停连;第二单元提出了新要求,要求在朗读的时候注意语气的变化,节奏的快慢;第三单元则以学习默读为主,同时要求做到不出声、不指读、不回读,以保证阅读的完整性;第四单元是继续学习默读,要求在阅读时对重点语句进行勾画;第五单元仍然是继续进行默读学习,但要求边看边想,学会做摘抄;第六单元则是快速阅读,要提高阅读速度。可以看出七年级上册重点是要求学会朗读，每个单元都涉及了阅读的知识，要让学生掌握朗读、默读、快速阅读等方法。每一个单元的要求是逐层递进的，既相互联系，又各有侧重。因此，教师在制定本单元的学习目标的时候，应充分考虑朗读要求，根据教材内容和课程标准要求去制定，不能过于拔高和降低。如七上第一单元导语中要求"要重视朗读，注意揣摩和品位语言"，明确地给教师备课和开展阅读教学指明方向，因此在教学时，教师应将注重朗读中的重音和停连与赏析优美的句子作为重点，在制定学习目标时，应围绕此重点来设计。

3. 基于学情，把握层次设定目标

学情是学生已有的认知水平、情感水平、行为水平等在内的学生学习新知的前提和基础。要用好部编语文教材，单元整合教学要以学情为本，明确学生对单元人文主题和语文元素的认知层次，以提高学生语文学习水平为出发点，以设计单元教学目标，实现教学由无效化、低效化向效能化过渡。每个教学阶段培养的语文能力都是不同的，小学是听、写、朗诵，而初一则是在这个基础上进行更高程度的听、说、读、写能力。这样课文的深度和语言表达能力就更加深厚。而在初中的语文学习中还有一个更加重要的知识能力，就是逻辑思维能力，逻辑思维能力的进步和提升是学生对事物判断力的提升。为了锻炼这一能力，教师在课堂上要引导学生去思考和表达。如学习《桃花源记》，教师本来认为文章生涩难懂，学生可能学习兴趣不高，但通过检查预习情况，发现学生对文章内容的学习兴趣很高，对文章的内容也能大概翻译出来，只是学生对文言文一些古今异义词和文章所蕴含的情感还需要教师的指导。所以，教师在进行单元目标设定时，一定要细致地考查学情，这样在课程设计、教学准备等方面才能有的放矢。

语文单元的整合教学具有明显的层次性和序列性特征，因此，教师需要重点研究和解决如何根据学生的学习经验，在各个单元之间实现分层实施教学目标的问题。教师在设定教学目标的过程中，除了对教材进行深入的解读和仔细研究课程标准之外，还需要全面考虑学生的学习状

况和能力水平，以便为不同层次的学生制定出合适的教学目标，使他们能够积极参与到语文教学活动中，吸收到有用的语文知识。因此，教师需要全面掌握教学单元的内容，深入了解学生的学习状况，识别出教学内容中的关键学习元素，并根据学生的实际能力水平，设计不同难度的探究活动，确保学生能够积极地参与其中。

例如，在七上第一单元的学习目标中，基础目标是掌握本单元的字词，通过阅读文本，能够初步归纳四篇文章的主要内容，在阅读中掌握好重音和停连；中阶学习目标是学会朗读，注意揣摩和品味课文中风格各异的语言，从中体会作者的情感，能找出作者运用比喻、拟人等修辞手法的语句，并体会其表达效果；高阶目标则是熟练掌握课文中的生字词，能较为出色地对课文进行美读，能对课文的修辞手法和语言进行赏析，并学以致用，将学到的方法运用到习作中。通过设置不同层次的学习目标，能满足不同能力水平学生的学习需要，使学生在相互交流与分享中，提高综合能力。

二、整合教学资源，构建高效课堂

丁广文在《语文课程整合浅谈》中提出："学科课程的整合，需要突破原有的结构安排和区分度设计的局限，将课程内容重新组织起来，围绕特定的目标进行。"[1] 这就要求教师在语文课程标准的基础上，根据学段目标和学生已有的学习经验，对教材内容进行大胆的取舍和重组优化。因此，教师要帮助学生不断更新原有的认知结构，逐步形成新的意义建构，同时也要理清整合结构的逻辑关系，力求整合有效，不流于形式，切忌为了追求整合教学设计的成效而忽视学生的学习需求。整合教学内容，有利于集中体会人物形象，有利于获得语文学习的经验。因此，教师要合理、有效地开发和运用教学资源，促进学生语文素养的提高。

---

[1] 丁广文. 语文课程整合浅论 [J]. 语文建设，2007（9）：23.

（一）整合课内教材资源，触类旁通

一是以单元内的课文内容作为学习材料，重新组织单元内的学习材料。例如，七上第一单元的《古代诗歌四首》和另外三篇写景文章对比来说，难度比较大，可以放在前面进行教学。二是整本书的教学内容前后融合，可从文体上整合，可从人文主题上整合，可从知识逻辑上整合。如《秋天的怀念》是叙事类，表达了家人对我们的帮助。三是跨学段的整合，也可以是同一作者不同作品的整合，如鲁迅的系列文章《少年闰土》《从百草园到三味书屋》《社戏》《藤野先生》《纪念刘和珍君》等，尽管所选的文集各不相同，但都是相通的可以用来学习鲁迅的写作风格；还可以是对某个知识点或技能的不断深入的整合，如七年级在进行阅读教学时，可以回顾小学对阅读的要求，既加深了学生对旧知的理解，也为新知提供基础。无论哪种整合，都要以单元目标为依据，通过梳理和重构单元教学的共性学习点，找到以教学内容为基础、学习知识为核心的内容。

（二）整合课外资源，迁移运用

语文知识往往以螺旋上升的形式出现，教师在对单元整体目标进行梳理后，思考教材中单元课文能否支撑单元目标的达成，如果本单元的文章能满足教学的需要，还需思考按照什么顺序教才有效；如果达不到，换成什么样的课外资源就得多加思考。教师在整合教学内容时，可以以语文教材为主，适当增加课外资源，全面拓展教学内容和教学方式，但课外资源的加入其表现形式应与本单元的其他内容或延伸，或提升相关联，拓展后的课外资源最好不要与本单元原有的知识内容重合，这就要求教师要有良好的教学设计意识，有丰富的教学经验，能将课内外的学习内容协调一致，构建并延伸出一种超越资源的整体。例如，针对《春》这篇课文，可以选择《春之声》进行知识的横向迁移；学完老舍的《济南的冬天》后，可以让学生对老舍的《济南的秋天》进行对比阅读，有助于学生扩大阅读量，开展自主探究式学习方式。

课外资源是指与本单元教学内容相衔接的课外资源，如文字、图片、视频等。在进行课外资源整合时,要紧密结合各学科的要求,以学生的过往经历和日常生活为出发点,达到教学的目的,做到与目标同轨操作。对于同类型的文章,教师可以首先教授课文中作者的写作技巧,在此基础上融合一些额外的教学资源,以增强学生对同类型写作技巧的理解和掌握。整合资源的核心目标是利用一系列具有相似性或可比较性的资料来加强学生的阅读习惯,因此,教师需要更有效地挖掘这些资源的独特性,确保它们的优势得到充分的体现。

三、搭建学习支架,优化单元整合教学过程

(一)合理安排预习活动

对于学生而言,单元整合学习要比单篇学习难得多,需要提前预习,做好学习准备。为提高正式课堂学生的学习效率,使教学活动顺利开展,教师应进行相应的有效指导,提供预习的重难点。对于初步接触单元整合教学的学生而言,单元整合教学的预习是十分必要的,教师应尽可能提供必要的预习方向,必要时可列出详细的预习清单,这样学生就能高效地按照清单对单元学习内容进行预习。单元预习合理安排,课堂效果事半功倍。

例如,七上第一单元作为中学生步入初中以后第一次接触语文课文,在上课之前,教师可以布置预习任务,如快读阅读本单元,了解文章主要内容;利用工具书扫清生字障碍;利用网络上优秀的朗诵视频总结朗读的方法等。这样的预习,既为教师上课打好了基础,也让学生能够快速进入学习状态,开启初中的语文学习之旅。

(二)创建真实的教学情境

"唯有把学生置于来自社会情境的要求,借助教育话题的系统化,才能使学生所拥有的能力得以挖掘。"① 单元整合教学依靠创设情境展

---

① 钟启泉. 单元设计:撬动课堂转型的一个支点 [J]. 教育发展研究,2015(24):1—5.

开教学活动，利用具体问题创设课堂教学情境，教师要明确整个单元的重难点和核心要点，在真实的问题情境中，设计有效的教学环节，促进学生知识的积累和思维的发展，从而达到寓教于乐的目的。因此，以单元为依据，创设真实的教学情境，正是单元整合教学设计的关键。

情境的创建要从学生的生活实际出发，满足学生的心理需求，从而激发学生学习的动力，使其产生主动学习和探究的意愿。例如，在七年级上册第四单元编排的课文有《纪念白求恩》《回忆我的母亲》《诫子书》，从不同角度阐释了人生的意义和价值，本单元的人文主题为"美好人生"，让学生感受文章中所彰显的人格力量与理想光辉，基于此，教师可以设计一个最真实的教学情境，如学校开展"平凡伟大"人物评选活动，让学生寻找身边平凡却又伟大的人物，并写一篇文章，参与评选。这样的情境贴合学生生活，可操作性强，学生能够很快地融入这样的情境中完成活动。

（三）设计有趣的驱动任务

《课标》强调："义务教育语文课程实施从学生生活实际出发，创设丰富多样的学习情境，设计富有挑战性的学习任务，激发学生的好奇心、想象力、求知欲，促进学生自主、合作、探究学习。"[1] 培养学生正确运用祖国语言文字的能力和习惯，是语文学科的基本任务。单元整合教学在这方面的优势在于一改单篇教学零碎化，将听、说、读、写四个方面的训练围绕单元教学目标有机地融为一体，在每个教学步骤中循环有序地展开，从而形成完整的训练体系。当前语文教学中，如果仅仅依靠教师单方面地对知识进行抽象的输出，那么学生对这一教学方式将会得不到满足感，学生希望通过更具体的知识运用来提高对知识的满足感。所以在单元整合教学中，需要以"任务"作为驱动。传统课堂教学中，教师会把零星的知识点教给学生，导致学生对学习的知识点碎片

---

[1] 中华人民共和国教育部. 义务教育语文课程标准（2022年版）[S]. 北京：北京师范大学出版社，2022：2—3.

化，没有形成一个完整的架构。而单元整合教学围绕真实的教学情境，整合教学资源，提出有趣的驱动任务，推动学生的学习。在单元整合教学中，学生依据单元整合教学主题和目标，以任务性的问题为教学起点，在教师的指导下进行学习反思，学会把自己所学到的知识用于问题的求解。因此，"任务"的设置关系到整个课程的学习过程，"任务"的制定必须遵守一定基本的原则。

任务应当与学生的日常生活紧密相连。为了激发学生对探究学习的热情，在课堂教学中，教师需要明确教学任务，并通过这些任务来引导学生去理解和吸收学习内容，这一过程被称为认知内化。在教育过程中，鼓励学生分享他们所掌握的知识、技能、策略和思考方式，从而加深他们的理解，并在新的环境中应用这些知识来解决实际问题，这种方法被称为迁移提升。总的来说，教学的目标应该与学生的日常生活紧密相连，这样可以激发学生的学习热情，帮助他们掌握各种技能，解决实际问题，并将书本上的知识有效地转化为他们自己的知识，这也是核心素养所追求的目标。

任务要与单元的学习目标紧密相连。任务是围绕单元学习目标来设置的，帮助学生将具体的学习目标转化为可操作的学习任务。单元核心任务的设计选择恰当的情境，不仅可以帮助教师更好地进行单元整合教学，而且可以激发学生的学习动机。例如，七上第一单元中的核心任务是为班级"四季之美"专栏提供关于四季的文章、朗读视频、手绘作品等。因为核心任务中设置的学习情境是真实的，贴近学生的生活，所以教师从学生的实际出发，让学生成为班级专栏的设计者之一，从而激发学生对本单元的学习兴趣，使学生通过本单元的学习，根据自己的特长完成一份或多份作品，体现"做中学"的理念。

（四）发展全面的读写结合

阅读构成了写作的基础，而写作则是阅读成果的具体展现。通过将阅读与写作紧密结合，实现读与写的相互促进，可以在学习过程中帮助学生更深入地理解课文内容，进而塑造他们独特的阅读体验，这对于提高学生的语文整体能力是非常有益的。在进行教学设计的过程中，教师需要合理地规划阅读和写作的教学活动，以促进学生在听、说、读、写各方面能力的和谐发展。学生的阅读和写作能力是相互补充的，他们可以通过阅读来学习他人的写作技巧，为未来的写作积累大量的素材。因此，在设计单元内容时，教师应该重视培养学生的阅读能力，而在培养学生的阅读能力时，除了要重视单元知识的掌握，设计单元内容时还需要注意阅读和写作的衔接，这样可以通过单元教学进一步提高学生的阅读和写作能力。

新教材既注重写作教学的相对独立性，又重视"读"与"写"的相互融合。一方面，每单元的写作话题为每单元人文主题或语文要素的延伸和应用；另一方面，为防止写作教学流于形式，写作部分独立于阅读教学部分，单独设置一个板块，提供一些方向供学生选择。由此可见，发展全面的读写结合是新教材对语文教学提出的必然要求，所以在单元整合教学中，教师要充分利用读写结合发展学生的阅读和写作能力。在七上第一单元通过鉴赏文本中优美的语言、品位修辞手法的作用、学习作者观察景物的方法，以阅读为支架，让学生运用所学的方法围绕"热爱生活，热爱写作"写一篇写景的文章，并在最后一课时设计朗诵环节，让学生对自己所写的文章进行朗读。整个教学过程将学生的阅读和写作紧密联系在一起，充分培养了学生听、说、读、写能力。

（五）开展互动的言语实践活动

教师要高度重视为学生设计的言语实践活动，并致力创建一个以学生独立学习为核心的语文课堂环境要鼓励学生在课堂中积极参与，通过实际的言语实践活动，培养他们的听、说、读、写技能，提高他们的学习满意度，并进一步激发他们对学习语文的热情和动力。

教师需要根据教学内容，有计划地进行学生和教师共同参与的教学实践活动，通过实施各种教学活动，加强教师和学生之间的合作。在课堂上，学生有机会表达自己的观点，并在课堂上互相帮助，这有助于提高他们的学习成果。

教师作为课堂的主导者，要掌控整个教学过程的走向，组织学生进行言语实践活动；学生作为活动的主体，自由思考教师布置的任务。教师应该组织言语实践活动，记录活动中每个同学的行为状态，掌控活动的进展，引领学生更投入地参与其中。活动中难免会产生各种各样的不可预料的突发问题，但是教师不要匆匆地去下结论，盲目地解决。应该根据实际情况去调整课堂活动，有时教师灵活的处理方式可能会收到更好的效果。在课堂上，教师要让学生勇敢地表达自己的所思所想，用自己的语言和行动去表达和记录学生的表现，和学生一起探究，让他们在理解学习的过程中还有教师的陪同，并能从教师那里感受到鼓励的温暖，这正是教育的意义。

以七年级上册第一单元为例，以为班级专栏设计材料为情境，学习本单元写景的方法。本单元共分为四个课段。第一课段为初读感知，主要是以"生字大闯关"、完成学习任务单等活动，让学生初步感知文章的主要内容，完成生字词障碍。第二课段为精讲课文，从五个方面完成对课文的理解，重点学习语言的赏析，教师以《春》和《济南的冬天》进行精讲，帮助学生搭建学习支架，学生利用学习的方法自主赏析，同时运用学到的描写景物的方法写"四季旅行推荐语"，教师在课后还布置任务进行学习巩固。第三课段为习作，从学生熟悉的材料入手，根据第二课段中学习的写作方法，由写推荐语逐步升级为一次大作文。第四课段是朗诵比赛，重点学习停连和重音，读出抑扬顿挫之感。整个教学过程中，教师作为指导者，引导学生一步一步完成活动，并在活动中记录学生的表现情况，同时加以评价，学生通过一系列言语活动，提高了听说读写的能力，获得了知识经验的积累。

四、深化评价，总结学习成果

单元教学评价是对学生的学习过程和学习结果的评价，是单元教学过程中非常重要的一个环节。单元教学评价对学生而言，可以反映学生的学习效果；而对于教师而言，评价结果可以让教师清晰地看到学生的

第四章 初中语文课程单元整合教学的策略研究

学习效果，反思哪些地方还应进行讲解等，以便在教学过程中对教学内容随时做出调整。

（一）丰富评价内容，制定评价标准

在过去的教学评估中，阅读写作所占的份额过大，现在我们应该使教学评价更为丰富，并从多个角度进行评价。高质量的评价有助于人们更明确地自我定位，因此，教育工作者需要制定更为全面的评价准则，以最大限度地发挥评价的积极影响。

初中学生的素质在不断地提高，学生对于评价的要求同样也在提高。这个时候更加需要教师发挥能动性，为初中生制定更加符合学生实际的评价细则。评价体系应该具有包容性、多样性和多维度化。要更加全面具体地进行教学评价，既要将好的思维、价值观体现在教学评价中，进行更加全面的评价，也要关注到学生非智力发展方面的表现，从口语表达能力、上课的学习状态、完成作业的态度等多方面对学生进行评价。可以利用本堂课要达到的教学目标，从活动的每个环节要求学生达到的标准制定评价细则，可以设置有层次的评价等级，并对每个层次的要求做详细的解释，帮助学生利用评价标准对自己进行科学化的评价，有助于学生了解自己学习的不足之处。教师也可以通过评价量表来查看学生的学习效果，并根据其反映的问题对学生进行针对性的辅导，从而促进学生全面发展进步。如对七上第一单元进行评价时，应多方面考虑，丰富评价内容，可以设置朗诵比赛、征文评比等活动，并根据学习目标从各方面制定评价标准，学生可以根据评价标准，准确地知道自己的学习效果。

（二）关注学习过程，改进评价方式

学习过程的评价是对整个学习全过程进行考核。单元整合教学中设置了学习任务，单元评价时需要制定详细的评价方案，对活动开展的各个环节实行定量评价和定性评价相结合的方式。教学评价不仅是对学生进行筛选和选拔，更应该是在关注学生成长进步的同时，发挥其鞭策和导向作用。学生在评价的激励下，在语文单元整合教学的深度学习上会更加努力、更加刻苦。

　　教学过程中由于时间的限制和学生各异的表现，对学生的学习效果进行评价需要采取不同的评价方式。评价方式包括诊断性评价、形成性评价、终结性评价。终结性评价是教师在学生完成一个单元或是一个阶段后，以教学为依据，以学生的学习成果为主要参考，检测学生目标达成情况的一种评价方式，如单元检测、课后练习等。终结性评价往往是教师使用频率最高的一种方式。形成性评价是教师在教学过程中对学生的表现、行为、思维方式等及时做出的评价，如教师在课堂上对学生进行的口头表扬。诊断性评价是教师在课前对学生知识基础进行的提前检测，其目的是帮助教师判断教学设计是否合理，并及时做出调整。每种评价方式都有其独特的作用，教师在评价时，选择多样性的评价方式可以更好地关注学生在学习过程中的发展变化。

（三）完善评价主体，实行多元评价

　　在教学过程中，许多教师倾向于使用简单易操作的教师评价方法来评价学生，但这种评价方式往往带有较大的主观成分，并且可能显得偏颇。在进行单元整合教学评价时，应该采取多元化的评价主体，这样可以让学生、同学、家长都参与到对学生的评价中，这样的评价效果将更好地适应学生的综合素质发展。在进行单元教学的评价时，不仅仅是教师有权参与，真正参与评价的应当是学生自己、教师、同学以及学生家长。第一，学生对自己在整个单元学习过程中的表现和收获最清楚，因而对自己进行评价，可以更好地发现自己的问题所在。第二，教师作为整个教学活动的设计者和组织者，对学生而言，教师的评价必不可少。教师在教学过程中，针对不同学生的不同表现，适时给予恰当的评价，可以激发学生的学习激情。第三，同桌合作、小组合作的学习方式往往会在单元整合教学过程中被采用，所以，学生之间的评价也是非常重要的。让班级中的同学指出自己在学习过程中的优点和不足，在互相学习之余，也会相互帮助、共同提高。教师要通过交流的方式，把一定程度上的考核权限交给学生考核，这样既能起到相互监督的效果，又能锻炼学生的语言运用能力。最后，单元教学评价也需要家长参与进来，形成家校合力，学生回家后完成的作业或者课外阅读，需要家长配合监督，对学生的作业完成情况、阅读表现进行评价，这样既可以让家长了解孩子学习情况，又能督促孩子在家学习的自觉性。

总之，要把自评、师评、互评和家长评价结合起来，把反思、激励等积极作用充分发挥到评价中去。例如，在七上第一单元的朗诵大赛环节，可以请家长参与到评价中来。请家长帮忙督促孩子练习朗读，根据评价表对学生的朗诵进行评价；还可以让学生和家长一起完成比赛作品，辅助学生利用信息技术制作朗诵视频，上传到指定的公众号。返校后学生播放制作的朗诵视频，教师和同学根据评价量表对学生的作品进行评价，最后选出"朗诵小能手"。在本次教学过程中采用了多元化的评价主体，教师、家长、学生充分地参与评价让活动变得更为生动，更能吸引学生的学习兴趣。

第五章 初中语文高效课堂的优化策略

第一节 营造高效的课堂教学环境

"布朗芬布伦纳认为,发展中的个体处于环境系统之中,环境与个体相互作用,影响着个体的发展。"[1] 构建高效课堂,需要处理好个体与环境之间的关系,顺势利导,为个体提供良好的环境。解决高效课堂中存在的问题,还需从教学环境入手,社会、学校、教师应该为营造高效教学的环境提供条件与氛围。

一、构建师生平等、助学的课堂氛围

一个优质的课堂环境是进行课堂教学的必要条件。一个优质的课堂环境涵盖了时间、空间和心理等多个方面。在高效的课堂教学中,教师需要对时间进行精确和高效的管理,确保在规定的时间内完成所有预定的教学任务,同时也要严格要求学生在规定的时间内完成所有的学习任务。教师还需要构建高效课堂的空间环境,创新现有的空间环境布局,为学生提供不同的课堂学习环境。在课堂教学中,心理环境是最关键的部分。时间和空间对教师和学生产生外部影响,而心理环境则对其产生内部的影响。这决定了教师和学生在课堂上是否能够从高效学习转向更有成效的学习。因此,教师需要高度重视创造一个健康的课堂心理环境。

第一,构建良好的心理环境。初中语文高效课堂的课堂心理环境营

---

[1] 蒋晓虹. 教育心理学 [M]. 济南:山东人民出版社,2014.

造，应从教师与学生的关系以及学生间的小组氛围展开。构建平等和谐的师生关系，能够促进教师在课堂教学过程中与学生进行有效的双向互动，为教师教学提供更为有利的条件。此外，学生间的合作学习，也应得到教师的高度重视。教师要为学生营造小组内、小组之间的助学氛围，帮助学生集体成长，不抛弃、不放弃每一名学生。

首先，构建平等和谐的师生关系。教师与学生的关系亲密与否，直接影响到学生在课堂中与教师的配合度。建立平等对话的师生关系，能够使教师拉近与学生的距离，为教学工作提供帮助。青春期的学生面对人际交往、学习与生活有很多问题与想法，教师要善于倾听他们内心的苦闷与烦恼，尽最大努力帮助学生解决困难。教师通过与学生的对话，能够为教育教学搜集更多的信息，为课堂教学带来更多的帮助，帮助学校培养更多地对社会有贡献的人。教师不仅可以成为学生学习上的帮助者，还能成为学生人生道路上的指路人。

其次，教师还应合理评价学生。学生的考试表现不应被视为教师评价学生的唯一准则。教师应该从道德、智力等多个维度来对学生进行全面和客观的评估，避免采用片面或结论性的评价方式。教师应该采纳更多的合理建议，将焦点集中在促进学生人格的健全和提高学生的学习能力等方面。

再次，营造学习小组助学氛围。高效课堂中，小组合作学习占据着课堂教学大量的时间，应当引起教师的高度关注。营造小组助学氛围，可以促进小组成员的学习积极性，对于学习能力弱的学生起到帮带作用，对于学习能力强的学生起到强化作用，更能加深学生间的协作与交流，培养学生的竞争、合作、互学意识。教师要用课堂语言、行为等方式，引导学生主动去表达自己的观点；要教授学生敢于质疑的态度，不断提升他们的思辨能力；要培养学生之间的竞争意识，引导学生不甘于现有的学习水平，布置一些拔高性的课堂练习，当堂对学生进行引导，使学生勇于向更高一级的层次攀登。对于不同层次学习能力的学生，教师要帮助他们形成互学意识，学习能力强的学生不一定在每一方面都很强,要引导学生发现彼此身上的优点,互相学习,弥补自身的不足之处。

最后,每一位学生都是课堂教学中不可或缺的一分子,教师要细心关照,科学谋划,争取为每一位学生营造良好的课堂环境,要关注学生心理,创设健康的心理环境,为高效教学提供帮助。

第二,营造舒适的空间环境。舒适的空间环境是课堂教学的外部条件。营造舒适的空间环境,能够促进课堂教学的顺利进行。在课堂教学中,教室空间有限,学生座位排列较为密集,班级内的座位排列要有利于学生的视力健康,要注意光线是否充足。此外,还要保证教室内的整洁,干净、整齐的空间环境是营造舒适的空间环境基础性条件。教师要尽一切可能为学生创设舒适的空间环境,保障学生学习的空间环境。

第三,明确的时间环境。明确的时间环境是达成教学目标的重要条件。初中学生在校时间约 8 小时,上课时间约 6 小时,在有限的时间内,学生所要学习的科目众多,教师教学任务也不少。因而,需要师生明确时间观念,创设明确的时间环境,才能保证教学高效运行。首先,教师要坚守时间。上课预备铃响后,教师应当已经在教室内,准备好马上要开始的课堂教学;教师要按时完成教学任务,争取每节课不拖堂。其次,学生要养成明确的时间观念。作为教师,需要发挥督导的角色,确保学生在规定的时间里完成所有的课堂任务。一个清晰的时间环境不仅是实现教学目标的关键因素,也是实现高效课堂教学的基础条件。因此,教师和学生需要在长期的学校教育和教学活动中,加强对时间的认识,以便为课堂教学创造一个明确的时间氛围。

二、健全学校管理机制,开发办学资源

营造高效的教学环境,从学校角度而言,必须健全管理机制,充实办学资源。

首先,健全管理机制。名校的高效课堂模式要学,但不能一味地生搬硬套,初中学校应该根据本校的实际情况灵活改变教学方式、方法。

学校管理者要结合本校的实际情况，对名校的管理经验加以创新，形成属于自己的高效课堂教学管理模式；要制定一系列考核指标，对高效课堂的实行情况及时进行统计；要成立专门的课改小组，对所出现的问题做出合理化调整建议；要建立高效课堂监督小组，由各学科教研组长组成，不但可以起到监督作用，还可以促进各学科间互动交流。

其次，开发办学资源。第一，办学资源的改善可以先从资金入手。学校可以邀请校友、企业支持，发挥社会对学校支持优势，充分利用好地方资源。第二，创新师生学习环境。例如，学生进社区、教师进高校进修等。此外，学校还应关注校本资源开发，结合当地的历史文化资料，整理出本校特色的校本课程，为学生提供丰富的学习资源。

最后，营造高效的教学环境。学校要有长远的发展眼光，科学、合理地制定相应的管理制度，发挥地区特色优势，开发办学资源，朝着高水平的现代化中学努力。

三、加强高效课堂的社会宣传，赢得社会支持

学校处在一定的社会地域中，社会环境也以各种形式影响着教师教学。营造良好的社会环境，对于探索新时期课堂改革新理念、高效课堂的建设能起到推动作用。社会期望值过高，会贬低学校教学工作；社会期望值过低，不利于学校教学工作提升。师生应当一同引导社会客观对待学校教学工作，尤其是对学校高效课堂的开展进行客观、理性的评价。

将家长作为学校向社会宣传高效课堂的窗口，利用好这个窗口。家长作为学生与学校之间的联络人，应当及时将学生在生活与学习中遇到的困难告知学校，给予学校充分的信任和支持，与教师共同解决学生的问题，促进学生学习。家长不应因为学生一两次的学习成绩不理想就大做文章，甚至以学校开展高效课堂教学实验耽误学生学习为由，而影响学校正常教学。当出现这种状况时，学校应当认真地为家长答疑解惑，并耐心地向家长推广高效课堂的核心理念、实施模式和取得的成果。学

校应鼓励家长向大众宣扬高效课堂的重要性,并宣扬学校在教育改革和发展方面的努力,以获得家长和社会对学校教育和教学工作的更多支持。

教育改革被视为达到教育发展目标的核心环节。学校需要增强其宣传活动,通过与家长的沟通,向社会推广学校教育改革的核心理念,从而获得家长和社会的广泛支持,并为高效的课堂环境创造一个积极的社会氛围。

第二节　引导学生高效学习

语文高效课堂,不仅需要教师高效教学,更需要学生高效学习。学生是课堂的主人,一切教学活动都是为学生的学习服务的,教师需要尊重学生的身心发展规律,培养学生自主学习的能力与习惯,对学生个体与群体同时关照,合理搭建学习小组,引导学生高效学习。

一、尊重学生的身心发展规律

初中学生的身心发展规律,是每位初中教师必须清楚的。在教学工作中,只有尊重学生的身心发展规律,才能准确把握学生的情况,才能备好课,才能上好一堂高效的课。

在高效的语文课堂教学中,语文教师需要充分利用语文的独特吸引力,培养学生的情感,并协助他们建立正确的世界观、人生观和价值观。通过引用古今中外的著名人物和作品,教师可以为学生树立一个正面的示范,从而激发他们的求知欲和上进心。面对学生在初中时期所经历的生理和心理上的变化,教师应当时刻保持警觉,利用他们所掌握的教育心理学的知识,为学生提供科学的指导,协助他们克服困惑,并指导他们进行高效地学习。

"任何有效的教学都要以尊重学生的身心发展规律为基础,特别是学习的规律。"① 这就要求语文教师在高效课堂中,合理设置课堂教学内容,教学步骤、方式方法的安排,都应以学生的接受能力为基础。当下,个别教师课堂教学内容繁杂,学生一节课记了好几页的笔记,课堂教学时间有限,学生思考、讨论时间被严重压缩,这样的课堂还能够高效吗?只有尊重学生身心发展规律,不图多容量、快节奏,稳步推进高效课堂教学,才能让学生学得有效、学得扎实。

二、培养学生自主学习的能力与习惯

(一)学生要自主选择吸收知识

在教学活动中,学生展现出强烈的主观积极性,他们有能力独立地选择并吸收知识,而教师的角色仅仅是一个外部因素。外部环境对学生的作用不仅仅是简单地将知识和技能传递或移植给他们,而是需要学生独立地学习、吸收和转化这些知识,教师不能完全替代他们的角色。要实现初中语文课堂的高效教学,教师需要有勇气让学生自由实践,有勇气让学生提出各种不同的答案,并引导他们从多个角度进行思考,这样才能全面促进学生思维能力的发展。

高效课堂已经实施了几年时间,但仍旧存在教师"占有"课堂的现象。在笔者所调查的三所初中,个别教师为了完成教学任务,忽视了学生自学能力的重要性。

展示环节,教师代替学生直接说出"标准答案",不重视学生对问题探讨的结果,打击了学生的自主学习积极性。教师需要开放思想、信任学生,大胆地让学生独立完成具有挑战性的任务;要常态化培养学生的自主学习能力,使学生养成自主学习的习惯。相关研究表明:良好的自主学习习惯对学生的学习效果尤为重要。相同智力的两名学生,学习习惯好的学生往往要比学习习惯差的学生考试成绩更为优异。初中语文高效课堂上,教师应在每一天的预习、展示、交流、反馈环节及时督促

---

① 黎翔. 教育学 [M]. 北京:航空工业出版社,2014.

学生，建立详细的学习任务质量记录卡，作为对学生学习状态监督考评的依据。对发现的问题，教师要及时与学生沟通解决，让学生自发地去克服困难，养成良好的学习习惯，为高效学习奠定基础。

（二）优化课堂展示，深化学生自主学习能力与习惯的培养

在培养学生自主学习能力与习惯的过程中，教师应当注重学生在课堂学习成果展示环节的表现，结合小展示与大展示的各自优势，因势利导，使学生自主高效地学习。

1. 做好课堂自学小展示

学生自主学习过程中应注意以下几点：

（1）明确学习的时间和任务，学习任务要具体。

（2）教师要及时给予指导，解决学生在学习过程中出现的各种问题。

（3）培养学生"严审细做"的做题习惯。

（4）独立完成为主、合作讨论为辅。

2. 谋划好课堂大展示

（1）明确任务要求，合理搭配人员，分工明确，表述清楚。

（2）师生共同参与，营造融洽的课堂气氛。

（3）鼓励同一个问题多人展示，形成小组竞争氛围。

（4）展示形式多样化，如绘图、朗读等。

培养学生自主学习的能力与习惯，关键在"自主"，只有充分调动起学生的自主学习积极性，学生才能全身心投入高效课堂的自主合作交流中来，而教师需要给予学生更多自主学习空间，在这个"空间"里，教师要及时、有效地引导学生自主学习，营造自学氛围。

三、合理搭建学习小组

当前，高效课堂的学习小组存在着诸多问题，导致学习小组低效运行，为了改变这一现状，需要教师合理地搭建学习小组。教师应从人员的搭配入手，小组中的人员搭配不仅要在数量上反复斟酌，而且应该在

学习能力层次方面灵活搭配。学习小组的人员数量不应超过6人，不应低于3人。笔者在走访了部分学生后发现，学生更喜欢4人组成的小组，优点在于任务好分配。学习能力层次方面，对班级部分学习落后的学生，建立帮带氛围，让学习好的同学在高效课堂的各个环节对落后的同学给予帮助，逐渐弥补其学习能力上的不足。

要合理搭建学习小组。教师就要进行班级人员的科学搭配，选出负责任的小组带头人，形成团体竞争意识。班级可分为4～5组，小组间每堂课进行学习比拼，评选出优秀小组，给予荣誉嘉奖，形成崇尚学习荣誉的氛围。小组带头人的选拔，要经过小组成员的推选和演讲比赛等环节确定，选出有想法、有能力的学生担任小团队领头人。此外，教师应给予小组组长分配小组任务的权力，充分调动起小组长的参与积极性。

构建合适的学习小组，关键在于合理的人员分配。教师应当以公正和客观的态度对待学生，始终将学生的成长和发展放在首位，妥善处理高效课堂环境下小组成员配置问题，确保高效课堂学习小组的流畅运作。

第三节　科学利用课堂教学评价

课堂教学评估是一种针对教师教学和学生学习两个方面进行综合评价的过程。对课堂教学的评估是推动教师专业成长、学生发展和提高课堂教学效果的关键途径。在初中语文高效课堂教学环境中，教师应该充分运用这一工具，为提高教学效率提供更加科学的方法，创新听评课制度，多样化地评价学生，重视发展性评价，促进教师的高效教学和学生的高效学习。

一、建立健全听评课制度

首先，丰富评课的人员。改变以往单一的评课模式，采用教师、学生评课相结合的方式，了解学生对教学工作的意见与建议，避免教师只站在自己的角度评价。建立评课人员登记册，对每一位评课人员进行筛选，尽量参照男女搭配、采用本班与外班人员相结合的标准，在评课之前对评课人员进行相应的培训，了解评课的指标、要求，并对本次所要评价的课堂进行初步了解，从评课准备环节做好、做扎实。评课过程中，评课小组组长要监督好每一位评课人员，确保认真、负责评课。课堂教学结束后，评课小组将评课的结果汇总，进行讨论交流，总结出意见及建议，与当堂授课教师一同讨论如何改进课堂教学。评课结束后，授课教师应认真进行反思，总结教学中的经验与不足，与学生或其他教师交流，让他们建言献策，以此来解决自己教学中存在的问题，提升教学工作的质量与水平。

其次，用制度促进学校管理规范化。"在本质上，学校管理的规范化过程也是育人的过程。谁能说操做得整整齐齐、地扫得干干净净体现的不是学生的素质？每一所学校都应该大力推行学校管理的规范化，借此过程不断地提高学生（包括教师）的素质。"[1] 学校应当将评课监督工作交于学科教研组，纳入教师绩效考核范围，作为教师年度考核的重要指标。高效课堂不仅在于评价，更在于监督。规章制度能够约束教师评课的懒惰性，推动教师评课的经验积累，从而促进教师课堂教学的发展。

最后，制度是保障，关键在执行。"制度的制定是前提，执行是关键，在执行制度的过程中，能否做到制度面前人人平等，事关工作的成败。"[2] 学校需要将听评课制度作为教师专业发展和促进学生学习的重点，切实落实好高效课堂的听评课制度，将每一次听评课看作检验学校制度效果的反映，做到次次听评课有效果，引导师生对课堂教学效果提升的渴望和追求。

---

[1] 许卫国. 熟悉的地方有风景 [M]. 南京：南京大学出版社，2013.
[2] 郭振兴，宋宇红. 21世纪教育管理艺术研究 [M]. 北京：中国林业出版社，2001.

二、多样化评价学生

"评价学生要改变固定化的评价方法,实现方法的多样化,特别是多采用肯定、欣赏型评价。"① 在初中语文高效课堂中,教师对学生的评价,应多采用鼓励性评价。高效课堂提倡学生自主学习的理念,学生在自主探究问题的过程中,难免遇到问题,这时,教师对于学生所形成的成果不应只从对错角度来看,而应当关注学生个人思维能力的训练,对学生给予言语和行为上的鼓励,帮助学生增加克服困难的信心,促进学生自主学习能力的培养与提升。

首先,杜绝唯成绩观。教育应造就更多为社会做贡献的人,而不是仅会考分数的机器。学生在学习过程中,成绩只能反映部分问题,并不能全面反映学生的学习能力。教师应当理性看待考试成绩,在班级中倡议德育为先、成绩为辅的学习观,培养学生正确的学习观念。

其次,创新评价方式。从教师单项评定转变为学生自评与互评。教师应注重学生学习过程中的进步,充分听取其他学生的评价,不对学生做总结性评价,注意评价语言的准确得体,培养学生对他人客观评价的能力,使其在评价别人的同时,反思自身的不足,从而达到双向提升。多形式评价能够获得更为广泛的评价观点,避免教师个人主观因素的错误引导。教师应对学生自评观点进行记录,长期观察学生的变化,寻求更为恰当的教学方法来促进学生的学习。

最后,多样化评价学生,能够促进学生更为全面、科学地了解自己。初中生在学习过程中,不善于总结自身的短板。通过多样化对学生的评价,可以让学生了解到自己擅长的方面有哪些,增加他对学习以及生活的自信心。同时,在听取教师与同学的建议后,学生能够清楚了解自己需要弥补的方面,从而更为有效地促进个人学习成绩的提升和身心

---

① 刘君源,时俊卿. 教师专业化发展策略[M]. 北京:首都师范大学出版社,2006.

健康成长。

三、重视发展性教学评价

发展性教学评价是用发展的眼光对教师的课堂教学过程和学生的学习过程进行科学评价，它重视课堂评价对师生未来发展的影响。

首先，对教师的教学进行发展性评价。教师一节课的教学展示，不能全面而十分准确地反映教师已有的教学技能与水平。因而，在教学评价时，评价人员应当全面看待当堂教学结果，不能因为评价对象一个环节的失误，就对其做出情绪化的总结性评价。对教师的教学过程评价，目的在于提升教师的教学质量，因此需要结合现阶段教师的表现，对教师提出长远发展的意见和建议。高效课堂一直处在发展创新的过程中，教师在展示高效课堂成果时，难免出现操作不熟练、不规范的情况，评价人员要有针对性地对教师个人技能的提升和发展，提出符合本校、班级高效学习的合理化建议，不能照搬名校名师经验，过于严格要求教师，重点应当落在教师个人专业化发展的道路上来。

其次，对学生的学习进行发展性评价。对学生课堂教学过程中的表现，要给予恰当的评价。一位杰出的教师应该特别关心那些答错了问题的学生，因为与正确回答问题的学生相比，他们更依赖教师的引导，更有可能从错误的视角转向正确的方向。对于在课堂上表现出色的学生，教师应当及时进行口头表扬；而对于回答问题有误的学生，教师也应当给予积极的口头表扬。在对班级学生集体进行评价时，教师应当秉持提高团队凝聚力的原则，遵循鼓励性的评价准则，确保评价的准确性，避免对任何一个班级集体进行打压，并提出切实可行的建议，以促进班级整体的健康发展，并激励每一个班级成员的积极性。

最后，师生在课堂中的教与学的活动，要以全面发展为目标，善于采纳被评价者的意见和建议，以更有利于被评价者的后继发展为中心，注重过程的评价和个体在过程中的进步与成长，关注个体的差异，促进评价多元化，使得高效课堂教学评价更为科学。

第四节　提升语文教师高效教学能力

一、促进教师人格特征发展

教师的人格是否健全，直接影响着其教学工作是否高效。教师的个性、情绪、意志对教学活动起着支配作用。笔者所调查的几所初中学校中，不乏一些个性张扬、工作热情高的语文教师，但也有对工作热情度不高、上课乏力的教师，走访学生后发现，学生普遍喜欢前者，且前者的课堂教学效果明显要好于后者。在初中语文教学中，教师的人格魅力有着独特的作用，不同语文教师带给学生的语文体验不同，学生对教师的喜爱程度也不尽相同。

持续的教学吸引力与教师人格特质的持续进化和完善是分不开的。为了提高语文教师的教学效率，我们应当重视教师的个性发展，并努力确保每位教师都具备独特的人格吸引力。学生对某一学科的兴趣，在某些情况下，正是由于教师那独特的人格魅力所吸引，这不仅有助于教师的教学过程，还能进一步提高教师的整体素质，并促进其个人的成长和发展。

学校需要从这几个方面入手来促进教师人格特征发展：

首先，建立学校心理辅导制度。定期对学生、教师群体进行心理辅导，帮助师生排解心理问题。当下，初中生升学压力较大，教师教学压力也逐年增加，及时有效的心理辅导能够使学生减轻心理压力，使教师减轻工作压力，学校应重视这一措施。其次，丰富师生课外文娱活动。适当的文娱活动，对初中师生能起到缓解教学与学习压力的作用，还能增进师生的感情，培养学生的合作能力等。健康的身体是学习的前提，学校要在每学年的校历中安排好文娱活动的时间及次数，促进师生教得开心、学得开心。

综上所述，促进教师人格特征发展，健全教师人格，是提升语文教师高效教学能力的保障,是构建高效课堂的基础性条件,更是解决好高效课堂当前出现的教学问题的重要手段。初中语文高效课堂需要培养有人格魅力的语文教师队伍,同时要创建学校的特色文化,以高效的教学带动学校文化建设,以文化促进师生的人格健康发展。

二、向高效课堂名校名师要经验

向名师要经验,是促进高效课堂在本校推广的一剂良药。在笔者所在区域,高效课堂的典型范例不少,有山东杜郎口中学、兖州一中、昌乐二中等名校,高效课堂也是从这些学校的经验推广而来。在实际的推广中,组织本校教研组去高效课堂名校实地观摩是十分有必要的,观摩不仅要观看名校的上课形式,还要看名师的教学魅力。

解决高效课堂在初中语文课堂出现的问题,要增加学校之间的交流机会。应该向名校学习,学习他们处理问题的经验,把名校名师的教学经验学过来,结合本校实际情况,对症下药。仅仅学习名校名师的经验还不够,还应建立本校高效课堂问题研究小组,每周对教学问题进行汇总讨论,探究本校处理问题的方式与方法,要确立至少三位带头人,每个年级至少应该有一位。在以往的教学传统中,年级间教学工作对学生的发展连贯性不够重视,造成了学生培养连贯性的缺失。初中教学是一项系统性工程,各年级要长期进行经验交流,着眼于年级间知识的系统性、学生发展的衔接,学生三年的健康成长应该有科学、合理、连贯的具体教育教学举措来保证。笔者认为应当从以下几点做起:

(1)组建学科知识研究小组。应当将本校学科教学能手组织起来,对初中学科教学内容进行长期研究,绘制七、八、九年级知识网络图,发到每一位学生手中。

(2)组建名校高效课堂研究小组。挑选精干教师到名校去实地考察、学习,专项研究名校高效课堂的理念与模式。

(3)组建校级高效课堂模式研究小组。各学科教师集中探讨问题、交流经验,结合本校课改的实际情况,总结出适合本校的高效课堂模式。

三、完善奖励惩罚机制

在实际教学中，教师工作繁重，初中语文教师不仅要承担教学任务，更要对学生进行情感的熏陶，促进学生的人格健全发展。为了促进学校教学工作良性发展，奖惩机制格外重要。对工作懈怠、教学能力不足的教师予以适当的惩罚，能够激励他们奋进，将工作做得更好；对工作认真、教学效果好的教师，给予一定的奖励，一方面肯定了他们的工作，另一方面起到了模范带头的作用。

学校奖励惩罚机制的完善，需要落实到具体的指标中来，调动起教师工作的积极性和热情。当下，初中实行教师绩效工资制度，相对于传统的"死工资"而言，提高了教师的工作积极性，但需要完善工资考核表，以确保其公平性。

总而言之，奖励和惩罚只是手段，归根结底需要学校从教学工作中总结出经验与教训，不断优化学校管理，促进学校管理的人性化。

四、强化教学目标，精心备课

教学目标不清楚，课堂教学效果难以保证，为教学工作带来了诸多问题。目标清楚了、准确了，一堂课才会上得有意义、更有效率。一些教师机械刻板地设置教学目标，没有精心备课。为此，语文教师应该在备课阶段强化教学目标，深入了解学情和课文的重难点，结合个人备课与集体的备课，尽最大可能备好一堂高效的课。备课不仅需要备知识，还应根据学生今天的学情灵活变换上课的方式方法，采用合适的手段达成教学目标；在备集体学生的学情基础上，备个别学生的学情，学生在不同的时间段，知识积累和心理发展阶段也不同，教师要根据现今学生的情况，制订这堂课的教学计划，切不可照搬经验，重复使用去年的甚至是几年前的教案。

教师要强化教学目标、精心备课，应从以下几点做起：

首先，建立师生交流平台。可以通过微信、QQ等社交软件，建立班级群、学科交流群等。备课前，教师可以与学生互动，交流新课知识，了解学生的疑惑和已掌握的知识情况。

其次，关注学科发展前沿信息。教师应当至少订阅两种报刊，将其纳入学校经费，以及时有效地了解学科发展动态。

最后，严格要求自己。强化教学目标，还需要教师自身明确高效教学的理念要求，从高效率、高效益、高效果的课堂教学角度出发，结合《课标》的要求和建议，努力构建目标明确、合理、高效的课堂教学。

五、规范导学案的设计与使用

规范导学案的设计与使用，是科学利用导学案的前提，是其能否发挥导学作用的关键。要利用好导学案，应当从导学案的编写与制定环节抓起，遵循科学的设计流程和设计原则。

首先，备课由"五备"形成"五案"。即个人初备，形成初案；师生集体备课，形成共案；课前个人复备，形成个案；课中个人续备，形成续案；课后师生补备，形成补案。

其次，导学案的编写应按教材的单元划分、解答问题点、重学法指导、体现分层达标、结合生活情境这五个原则来设计。

此外，要有完整的导学案使用流程和规范，从教师和学生两个角色来要求。教师在课前要抽查学生自学情况，及时补充与完善学案内容；课堂中教师要重视学法的指导，合理进行课中评价；课后教师要反思、完善导学案。学生在课前要自学学案、教材及相关资料；课中要大胆合作讨论，展示成果；课后要拾遗补阙、拓展提升、整理归档。

综上所述，规范高效课堂中导学案的设计与使用，能够科学、合理地优化导学案对学生的"导学"过程，促进教师课堂教学效果的提升。每一位参与高效课堂的师生都应当严格要求自己，规范自己的"教"与"学"，以自身的自觉性确保导学案规范、高效使用。

六、重视教学资源的开发

当下,学生获取信息的途径多样,获取的知识量和速度都比教师讲授得迅速且丰富。针对这样的情况,教师想要上好一节生动、丰富、有趣的课,就必须重视教学资源的开发。开发教学资源,不仅要利用好现有的教学参考书,还应利用好网络资源。除此以外,教学资源还应拓展到生活中,从生活中开发更多的教学资源。

"新课标强调全面提升学生的语文素养,从情感态度、价值观多角度发展学生。合理开发和利用教学资源,不仅能够满足学生的好奇心,还能激发学生的求知欲,使语文教学更丰富、更有生气。"[①] 学生真正佩服的语文教师,是那些能引导他们联系生活、观察生活的老师,而不单单是教授书本知识的老师。在高效课堂中,语文教师在导学案的编写初期,就应考虑到教学资源的开发对教学内容的影响,利用好导学案这个载体,用更丰富的资源填充导学案,教授给学生更多书本以外的知识。如在《苏州园林》的导学案中增加"我身边的园林"一栏,并将"我身边的园林"与"苏州园林"进行对比。学生在学习这一课的同时,引发了对周围的事物的关注,避免了对课文的机械学习,回归到生活,对于知识的理解更加容易。

重视教学资源的开发,能够促进教学内容多样化,使教学更加丰富、有趣,导学案的编写与利用更加科学、有效。综合来看,开发教学资源,是促进高效课堂教学的重要举措,是长远发展课堂教学内容的必经之路。

七、强化语文学科教学特征

语文学科特征重在语言文字的运用,以听、说、读、写等方式呈现

[①] 于艳. 基于主题单元读写整合的实践研究 [M]. 济南:山东人民出版社,2015.

出来。在初中语文高效课堂上，教师要结合语言文字运用的具体方式，充分发挥好语文学科的优势。例如，某校一位语文教师在讲授《记承天寺夜游》这一课时，课堂上注重了"读"的方式，先是教师范读，然后让学生朗读，在导学案完成情况检测过后，再让学生读课文。教师先让一个学生读，读完后全班同学给他找问题，接着全班集体读。"书读百遍，其义自见"，这位教师让学生在翻译课文、品位作者情感的时候反复地朗读课文，使学生将课文读熟了、读懂了，学生对重要的字、词、句把握更加到位，这样的语文课语文味很浓。

叶圣陶先生说过："唯有老师善于读书，深有所得，方能教好读书。只教学生读书，而自己少读或不读书，是不容易收到成效的。读书方面，教师要'下'。"[①] 教师对于学生需要做和学的，一定要熟悉，很多时候要和学生一起学习，才能更好地了解学生在当下学习中遇到的问题。比如，在作文课中，语文教师应让学生各抒己见，讨论不同的想法，之后，向学生分享自己的见解，引导学生思考。教师应当同学生一起作文，在作文的过程中，严格地要求自己，与学生一同在规定时间内完成。在这个过程中，教师能够感受到写作过程中的困惑，在后期的讲解过程中与学生分享，促进学生写作能力的提升。

教授语文学科需要雄厚的知识背景，教师要不断拓展自己的知识，养成终身阅读的习惯，为学生做楷模，为个人专业化成长奠定基础。在此基础上，教师要结合语文高效课堂的特征，发挥语文学科的听、说、读、写等学科特征，组织丰富的文娱活动，如辩论赛、演讲比赛、话剧表演、朗诵比赛等，突出语文学科的教学特征，避免学科特征淡化的倾向。

---

① 中央教育科学研究所. 叶圣陶语文教育论集[M]. 北京：教育科学出版社，1980.

第五节 提高教师的教学艺术

教学是一门科学，更是一门艺术。提高教师教学艺术，是优化教学过程、升华课堂内涵的必然要求。

一、什么是教学艺术

教学艺术是指在教学过程中遵从教学规律、学生心理发展规律，娴熟地应用教学技能，以艺术化手法实施的具有独特性、创造性的教学实践策略和教学活动。教学艺术是唤起学生学习情感、产生学习需要的艺术；教学艺术是启迪智慧、完善人格的艺术；教学艺术是教师以教育智慧、教学机制进行创造性劳动的艺术。教学艺术是教师教学能力、教学风格的直接体现。

提高语文教师的教学艺术，就是在遵循语文教学规律和学生心理发展规律的基础上，通过优化教学目标、教学过程、教学方法、教学技巧、教学语言等形成充满个性的语文课堂，使课堂充满生命活力，使教学变成促进学生获得发展的精彩活动。

二、为什么要提高教师的教学艺术

《课标》在"课程的基本理念"中提出四点基本要求，即"全面提高学生的语文素养""正确把握语文教育的特点""积极倡导自主、合作、探究的学习方式""努力建设开放而富有活力的语文课程"，在"教学建议"中又明确提出："教师是学习活动的组织者和引导者，教师应转变观念，更新知识，不断提高自身综合素养。"显而易见，要把语文课程的基本理念落到实处，根本的落脚点还在于教师教学观念与行为的转变。这就要求语文教师深刻地理解和把握课改精神，努力提高自身素质，不断提高教学的艺术性。

魏书生说:"同样是课堂,有的老师视为畏途,有的教师视为乐园。同样一篇文章,一位老师讲,学生学得兴趣盎然,忽而眉飞色舞,忽而屏息凝神,觉得上课是一种享受。换一位老师讲,学生学得索然寡味,忽而闭目养神,忽而惊觉欠身,上课简直成了受罪。"可见,教师教育思想和教学艺术的差别,对课堂效果的影响也迥然有别,要真正实现"和谐高效思维对话"型语文课堂,提高教师的教学艺术势在必行。

三、怎样提高教师的教学艺术

语文教学的艺术性体现在课堂教学的各个方面,包括教学设计艺术、导课艺术、"造境"艺术、提问艺术、调控艺术、沟通艺术、语言艺术、板书艺术、评价艺术等。语文教师要通过不断学习、探索、研究、反思,切实提高自身的教学艺术。下面笔者就课堂导课、"造境"、提问、组织调控、多媒体辅助、板书、评价等方面简要谈一下如何提高教师的教学艺术。

(一)导课艺术

导入作为课堂的"序曲",其重要意义不可忽视。好的导入如同桥梁,连着旧课和新课;如同序幕,拉开精彩的"唱段";如同灯塔,指引学生的思维航向。语文课的导入一定要紧扣文本特点,抓住学生的认知需要做文章,以求先声夺人之效。

(二)"造境"艺术

语文教学需要营造一种有效的教学情境。适切的"造境"可以增添课堂情趣,发展学生思维,增进课堂的厚度与深度。"造境"的方法很多,可以演读配合激趣,如学习《木兰诗》可指导学生边读边模仿"木兰当户织""积极备战""征战沙场""还朝辞官"等几个场面;可以动作表情并茂,如读《安塞腰鼓》运用不同的语调和节奏表达腰鼓表演前、中、后的不同特点;可以音乐情景渲染,如学习《土地的誓言》时,播放《松花江上》《黄河大合唱》等音乐,很容易让学生与作者强烈的民族情感和爱国热情产生共鸣；可以想象情景再现，如上《最后一课》，可以让学生想象放学后小弗郎士的一些行为和心理活动等。

（三）提问艺术

提问是开启学生心智、促进学生思维、增强学生主动参与意识的基本手段。提问既是一种技巧，更是一种艺术。提问的方法多种多样，现选取最重要也最为常见的几种做简单介绍。

1. 抓关键提问法

能否抓住关键问题进行提问突破，对课堂成效有很大影响。教师应抓住关键问题打开缺口，掀起学生思维上的波澜，牵一发而动全身。这首先要求教师吃透教材、纵观全局，确立关键问题所在，于紧要处发问。如《中国人失掉自信力了吗》一文，可以这样提问："在第二、五、六自然段中，三个中国人含义有何不同？"这样一问就能提挈全篇，回答了这个问题，也就懂得了论敌偷换概念、蓄意诬蔑的卑劣伎俩和全文脉络及写法。

2. 激趣提问法

学生如果觉得教师提的问题过于简单，通常就提不起兴趣，教师若要深挖问题引导学生深入思考，可能就会产生"一石激起千层浪"的效果。有的课文看起来很平实、很简单，其实却独具匠心，那么运用这种提问方法，正能显示它的独到之处。

3. 循序渐进提问法

教师在进行提问时，有些问题不可一步到位，应如登山一样，要拾级而上，于峰顶领略无限风光。教学难点就可采用循序渐进提问法，由浅入深，逐步引导，以达到学生理解课文的目的。如教学《行道树》一文时，可根据课文内容提出一系列问题，先易后难，步步深入。①行道树的作用有哪些？②神圣的事业是什么事业？为什么说神圣的事业总是痛苦的？③行道树的深沉主要表现在什么方面？④本文赞颂的是行道树的什么精神？在回答每个问题时，留给学生充足的思考时间，引导学生思考、讨论、探究，这样必然能达到一种很好的学习效果。

4. 扩展提问法

这种提问方法就是把现在所学内容和以前所学以及与此有关的内容连在一起提问，由新温故，由此及彼，融会贯通。扩展提问可以把各方面的知识连贯起来，建立起多方面的联系，培养学生"立体"思考问题的能力，这样学生会记得更牢、理解更深。

5. 巧妙追问法

教师应在课堂上准确捕捉思维"亮点"进行追问，有效的追问可以引导学生的思考进一步向纵深发展，点燃学生的智慧之火，尽显学生的个性与灵性。追问一定要追到"点子"上，追而有道，不能"为追而追"，不能盲目而随意地"追"。

（四）组织调控艺术

课堂的组织调控是指教师为达成一定的教学目标，对教学活动进行的组织、促进、协调和维持行为。要使学生在课堂上积极思维、主动参与，保证学习效率，教师必须着意于组织调控艺术的提高。如何把学生组织到教学过程之中，充分调动其学习积极性呢？教师除了对自己要有一个正确的角色定位，还应将主要精力放在观察和调节学生学习状态、指导学生有效学习之上。特级教师于漪在讲《雨中登泰山》时就很好地发挥了她高超的组织调控艺术。

于老师满怀激情地导入课文，激起学生强烈的感情和丰富的想象，形成一个波峰。接着，她改用导游式语言，放慢语速，提出问题。学生静思，快速阅读课文，寻求问题答案，这样形成第一个波谷。之后，学生纷纷举手，用生动的语言描绘第一幅奇景，出现第二个波峰。接着往前推进，在学生对七真祠做了简要介绍后，于老师立即巧妙过渡："一路行来，从一天门到二天门，沿途见到哪些奇景？"两个环节衔接自然紧凑。于老师充分注意到学生被美景深深吸引的情绪，恰当地加以语言引导，加快了节奏。学生经过短时思考，争着介绍一天门和二天门的景色，课堂上出现第三个波峰。接下来，于老师小结上文，对学生给予肯定，有意放慢节奏。然后，于老师用鼓励性的语言，引领学生进一步

"游览"胜景，要他们边"攀登"边谈感受。此后再次加快节奏，又推进一步："会当凌绝顶，一览众山小。'绝顶'又是怎样的风光呢？让我们带着胜利的喜悦，来欣赏这仙境般的美景，请同学们抓住特征，介绍二三美景。"马上就有学生抢先回答，引起全班学生的欢声笑语，把课堂气氛推向高潮。之后又依次提出三个问题，既是对教学内容的总结，又把学生的情感和思路引向纵深。整个教学过程，真可说是波澜起伏，环环相扣，快慢相间，疏密有致。学生在整体和谐的教学节奏中得到了知识，也体验到了审美情趣，获得了审美享受。

（五）多媒体辅助教学的艺术

语文教学的质量与所采用的教学手段有很大的关联性，恰当地运用多媒体技术，使其发挥有效的教学功能，可以使教学内容更丰富、生动、有趣，提高课堂容量，优化课堂结构，提高教学质量。如特级教师张国生在讲《苏州园林》一课时，就恰当运用了多媒体辅助教学，收效良好。

开始上课时，张老师让学生在悠扬的古筝音乐中欣赏苏州园林的图片，感受苏州园林景色之美、成就之高，引起学生兴趣，强化学习动机，并借此导入。在学习的过程中，张老师又展示出一幅幅精美的图片，既加深了学生对苏州园林"亭台轩榭的布局""假山池沼的配合"等方面特征的理解，又获得美的享受。他还用实物图片配合解释"轩""榭"等词语，让学生获得直观深刻印象。古筝音乐让学生赏心悦目，由于感染力很强，热爱祖国文化艺术的教育也进行得成功而又不露痕迹。

尽管多媒体技术使语文学习的时间和空间变得更为广阔，多媒体教学化繁为简，变抽象为形象，有效地提高了语文教学的质量和效率。但是，必须明确的是，多媒体只是一种教学辅助手段，而不是语文教学的全部，更不是语文教学的根本。语文教学必须从自身特性出发，摆正多媒体技术在整个教学过程中的地位。

（六）板书艺术

板书是语文课堂的"文眼"，体现了课文思路、教师思路和学习思路的统一。板书是展示教学脉络的窗口，要使板书恰到好处、自然朴实，教师应该注意如下几点：

板书要做到目的明确。在板书设计之前，教师要考虑好突出什么内容，达到什么目的，做到胸有丘壑。

板书要讲究灵活多样。教师可根据不同的教学内容和学生欣赏、理解的实际情况，创造性地设计反映自身特色而又灵活多变的板书。

板书要力求悦目醒目。设计板书时只有做到悦目醒目、主次分明，才能吸引学生注意力，诱发学生学习动机。

板书设计要精而美。精指内容简洁，重点突出，美指字迹清楚，结构匀称，形式优美，呈现过程恰当自然。

例如：《春》这篇课文板书设计得生动形象，构思精巧，结构完整优美，展示了作者所描绘的春回大地、万物复苏、百花竞放的图景；《我的叔叔于勒》的板书借铜钱的形状勾画了菲利普夫妇对于勒贫富变化忽喜忽悲的嘴脸，表现了资产阶级以金钱来衡量亲情浓淡的主题。从教学效果来看，学生深刻领会了文章的主旨。

（七）评价艺术

德国教育家第斯多惠说："教学的艺术不在于传授的本领，而在于激励、唤醒和鼓舞。"在课堂上，面对学生各种各样的回答，教师要耐心细致地加以分析并做出正确引导，绝不能简单地把正确答案一说了之，更不能对学生冷嘲热讽。这样，才能激发学生的学习热情。此外，教师的评价语言应真诚而亲切，恰当运用鼓励性的评价，这样才能让学生迸发出智慧的火花，让整个课堂充满生机。教师在鼓励赞赏的同时，还要注意评价的客观性，既要肯定学生的成功与进步，又要及时鲜明地指出学生存在的不足与错误，让学生清醒、正确地认识自我，进而主动改进自我、完善自我，促进自身发展。这符合现代语文教学理念，符合学生实际，符合初中语文教学规律，展现出一位优秀教师丰厚的文化底蕴和高超的教学艺术。

参考文献

[1] 陈丽，邬元萍. 初中语文教学与课堂策略研究［M］. 长春：吉林人民出版社，2021.

[2] 陈西春. 初中语文教学与高效课堂策略探索［M］. 长春：吉林人民出版社，2021.

[3] 张晓琳. 初中语文读写结合教学策略研究［M］. 长春：吉林人民出版社，2020.

[4] 张刚. 初中语文教学策略实践［M］. 北京：现代出版社，2020.

[5] 田丽群. 语文教学与策略研究［M］. 长春：吉林摄影出版社，2023.

[6] 宋秋前. 初中语文教学现状分析与改进策略［M］. 天津：天津科学技术出版社，2023.

[7] 沈德明. 初中语文教学方法与策略研究［M］. 昆明：云南人民出版社，2022.

[8] 于忠波. 初中语文作文教学策略与方法［M］. 长春：吉林文史出版社，2022.

[9] 胡贵阳. 初中语文课堂教学策略研究［M］. 北京：团结出版社，2020.

[10] 冯苹. 初中语文教学设计实践［M］. 郑州：河南人民出版社，2020.

[11] 薛仲玲. 初中语文新课程教学与研究［M］. 长春：吉林人民出版社，2021.

[12] 刘金生，张莉敏，杨兰萍. 初中语文教学课堂设计探究［M］. 长春：吉林人民出版社，2020.

[13] 柴俊飞. 初中语文高效课堂教学与作业布置研究［M］. 长春：吉林人民出版社，2021.

[14] 闫红梅，单大旺，李广峰. 基于读写结合在初中语文课堂的有效教学研究［M］. 长春：吉林人民出版社，2020.

[15] 周永福. 零距离语文：初中语文探索与实践研究 [M]. 长春：吉林人民出版社，2021.

[16] 李宗竹. 课程思政元素融入初中语文教学的策略 [J]. 中学语文，2024（20）：41—43.

[17] 张全祥. 核心素养下优化初中语文教学策略的实践探讨 [J]. 科学周刊，2023（24）：153—156.

[18] 黄丽梅. "读写融合"视角下的初中语文教学策略探究 [J]. 中华活页文选（教师版），2023（18）：112—114.

[19] 卜建东. 基于学科核心素养视角下的初中语文教学策略 [J]. 成长，2023（8）：82—84.

[20] 曹世丽. "双减"背景下初中语文教学策略探究 [J]. 语文教学之友，2024（3）：6—8.

[21] 陆青坡. 初中语文教学策略 [J]. 教育，2020（48）：84.

[22] 杨慧芳. 初中语文教学策略之我见 [J]. 科学周刊，2020（19）：53—54.

[23] 俄志菲. 语文核心素养前提下的初中语文教学策略研究 [J]. 读与写，2022（13）：55—57.

[24] 张丽梅. 德育视角下的初中语文教学策略 [J]. 新智慧，2023（33）：68—70.

[25] 蒋红武. 基于翻转课堂的初中语文教学策略研究 [J]. 科学周刊，2021（35）：17—18.

[26] 孙忠昌. 核心素养视域下的初中语文教学策略分析 [J]. 中学课程辅导（教学研究），2021（22）：24.

[27] 王晓杰. 核心素养背景下初中语文教学策略研究 [J]. 新教育时代电子杂志（教师版），2021（20）：100.

[28] 段亚军. 融德育于初中语文教学的策略 [J]. 名师在线，2022（36）：55—57.

[29] 严蓉. 基于大数据的初中语文教学策略优化 [J]. 教师教育论坛，2021（8）：57—58.

[30] 石苍. "生活即教育"理念下的初中语文教学策略 [J]. 中华活页文选（教师版），2021（6）：68.

[31] 张慧茹，屈玉丽. 社会主义核心价值观融入初中语文教学的策略探究 [J]. 中学教学参考，2023（15）：13—15.